4
Unterrichtsmaterialienreihe
›Wissen um globale Verflechtungen‹

¿Cachai Chile?
Sociedad. Memoria.
Conflictos actuales.

**Unterrichtsbausteine
für den Spanischunterricht
in der Sekundarstufe II**

Bisher in dieser Reihe erschienen

IMPRESSUM

¿Cachai Chile? Sociedad. Memoria. Conflictos actuales.
Unterrichtsbausteine für den Spanischunterricht.
Unterrichtsmaterialienreihe Wissen um globale
Verflechtungen. Band 4.

Reihenherausgeber
Center for InterAmerican Studies (CIAS)
an der Universität Bielefeld

**Koordination der
Unterrichtsmaterialienreihe**
Jochen Kemner, Anne Tittor, Olaf Kaltmeier

Autor_innen dieser Mappe
Olaf Kaltmeier, Nicole Schwabe,
Sebastián Henríquez Pérez, Geanina Zagal Ehrenfeld

Verantwortliche dieser Mappe
Nicole Schwabe, Olaf Kaltmeier

Gestaltung
Nathow & Geppert

Druck
2017, kipu-Verlag, Bielefeld
Getragen vom Förderverein
InterAmerikanische Studien e.V.
ISBN: 978-3-946507-04-8
ISSN: 2366-4916

Die Unterrichtsmappe ist im Rahmen des Projektes
›Die Amerikas als Verflechtungsraum‹
finanziert durch das BMBF (Bundesministerium
für Bildung und Forschung) entstanden.

Die Autor_innen sind für den Inhalt allein
verantwortlich.

INHALT

EINLEITUNG

1 Der Unterstrich wurde in dieser Mappe als gendergerechte sprachliche Darstellungsform gewählt, um dem dominanten Gebrauch des generischen Maskulinums entgegenzuwirken und gleichzeitig einer sozialen Realität gerecht zu werden, die sich nicht auf binäre Geschlechteridentitäten reduzieren lässt.

2 Eine ausführliche Sachanalyse zu dieser Unterrichtsmappe finden Sie unter folgender Url: *www.uni-bielefeld.de/ cias/unterrichtsmaterialien.html/dossier_5.*

3 Zentralabitur 2017 Spanisch: Chile. Sociedad, cultura y la recuperación de la memoria histórica./ Einblicke in die gesellschaftlichen Strukturen Lateinamerikas / Streben nach Freiheit und Gerechtigkeit / Nationale Identität, Traditionen und kulturelle Vielfalt in der spanischsprachigen Welt.

Die Unterrichtsmaterialienreihe ›Wissen um globale Verflechtungen‹ wird von einer Gruppe von Wissenschaftler_innen[1] aus dem Umfeld des Center for InterAmerican Studies (CIAS) und dem Forschungsprojekt ›Die Amerikas als Verflechtungsraum‹ an der Universität Bielefeld sowie von Mitarbeiter_innen des Kompetenznetzes Lateinamerika erstellt. Die Reihe verfolgt das Konzept des ›Globalen Lernens‹. Demzufolge sind gegenwärtige Prozesse nicht mehr allein im Rahmen von engen kulturellen, politischen oder nationalen Grenzziehungen beschreibbar und verstehbar. Vielmehr gilt es, historische Verflechtungen und Austauschprozesse in den Blick zu nehmen, die sich in aktuellen Konstellationen widerspiegeln.

Die vorliegenden Unterrichtsmaterialien sollen den Schüler_innen einen Einblick in eine ihnen wahrscheinlich erstmal unbekannte und fremd erscheinende Gesellschaft bieten. Darauf bezieht sich auch der Titel ›¿Chachai Chile?‹. Übersetzt heißt das so viel wie ›Kennst du Chile?‹. Das Verb cachar lässt sich vergeblich im Wörterbuch suchen. Umgangssprachlich wird es in Chile häufig als Synonym für *entender* oder *sospechar* verwendet und prägt insbesondere den Jugendslang. Ziel der Unterrichtsbausteine ist es die Diversität von Land und Leuten, sowie unterschiedliche Lebensrealitäten sichtbar zu machen. Zentral ist dabei die Vermittlung historischer Verflechtungen. So werden aktuelle Konflikte – wie etwa die Studierendenproteste oder der Konflikt zwischen Mapuche und chilenischem Staat – auch in ihrer historischen Perspektive beleuchtet. Daneben zieht sich die Debatte über historisches Erinnern als roter Faden durch die gesamte Mappe.

Die Mappe ist für den Spanischunterricht in der Sekundarstufe II geeignet und schließt inhaltlich an die Abiturvorgaben des Landes Nordrhein-Westfalen an[3], bietet aber auch Anknüpfungspunkte an Lehrpläne anderer Bundesländer. Obwohl die Materialien in erster Hinsicht als zusammenhängende Unterrichtseinheit konzipiert sind, sind die verschiedenen Kapitel in sich geschlossen und können problemlos als einzelne Bausteine zur Ergänzung ihrer eigenen Unterrichtseinheit verwendet werden.

Übergeordnete Lernziele der Mappe

Inhaltlich: Auf der Ebene des ›Wissens‹ sollen die SuS Chile als ein geographisch, demographisch, kulturell und gesellschaftliche vielfältiges Land Südamerikas kennen lernen. Sie setzen sich mit verschiedenen aktuellen gesellschaftlichen Konfliktkonstellationen und deren historischen Wurzeln auseinander und lernen Konfliktlösungsstrategien kennen.

Methodisch: Auf der Ebene des ›Könnens‹ sollen die SuS ihre gewonnenen Kenntnisse in Diskussionen auf Spanisch wiedergeben, darlegen, austauschen und vergleichen können. Sie sollen auch in den Diskussionen ihre persönliche Meinung altersgemäß auslegen und begründen können. Des Weiteren sollen die SuS ihre Gedanken zum Thema kohärent in der Zielsprache niederschreiben können.

Sozial: Auf der Ebene des ›Wollens‹ sollen die SuS ihr Fremdverstehen und ihre Empathiefähigkeit gegenüber den verschiedenen sozialen Gruppen der chilenischen Gesellschaft verstärken.

Die Mappe beinhaltet Materialien und Aufgabenstellungen, die sich am Kompetenzrahmen des Lehrplanes für Nordrhein-Westfalen orientieren und insbesondere folgende Anforderungen des fortgeschrittenen Spanischunterrichts abdecken:

- *Funktional kommunikative Kompetenzen:* Hör(seh)verständnisübungen, Leseverstehen, eigene Standpunkte in Gesprächen darlegen, Sachverhalte in kürzeren Präsentationen darbieten, Sprachmittlung, Erweiterung der sprachlichen Mittel.

- *Interkulturelle Kompetenzen:* Soziokulturelles Orientierungswissen zu gegenwärtigen politischen und gesellschaftlichen Diskussionen in Chile sowie historischen Entwicklungen; interkulturelles Verstehen und Handeln.

- *Text- und Medienkompetenz:* Texte verstehen, zusammenfassen, wiedergeben und dabei Aussageabsichten analysieren; Verfassen eigener Texte unterschiedlicher Ausrichtungen. Das Textspektrum umfasst Sach- und Gebrauchstexte, literarische Texte, diskontinuierliche sowie medial vermittelte Texte.

Piktogramme

Die benötigten Medien befinden sich im Zusatzmaterial.

Aufgabenstellung

Informationen für Lehrkräfte

Hinweise zum kostenlosen Download der Zusatzmaterialien finden Sie unter
www.uni-bielefeld.de/cias/unterrichtsmaterialien.html

Best.-Nr.: 946507-04-8

OLAF KALTMEIER & NICOLE SCHWABE

CHILE:
¿UN PAÍS HERMOSO?

Mit einer Länge von rund 4.300 km weist Chile nicht nur in geographischer, sondern auch in soziokultureller Hinsicht eine große Diversität auf. Extreme Unterschiede lassen sich insbesondere hinsichtlich der Sozialstruktur des Landes beobachten. Entgegen der Diskurse von Modernisierung, Fortschritt und Entwicklung ist in Lateinamerika im 20. Jahrhundert eine durchgängige Zunahme sozialer Ungleichheit zu beobachten. In Chile steigt die Ungleichverteilung von Einkommen seit den 50er Jahren – mit einer kurzfristigen Verbesserung in den Jahren der Volksfront-Regierung unter Salvador Allende – konstant an. Für die zweite Hälfte des 20. Jahrhunderts ist generell festzuhalten, dass sich die soziale Schere in Hinblick auf die Einkommensverteilung in Lateinamerika – nachdem es in den 1960er und 1970er Jahren eine deutliche Verbesserung der Verteilungsgerechtigkeit gab – seit den 1970er Jahren weiter geöffnet hat. Dies ist im Zusammenhang mit der Weltwirtschafts- und Verschuldungskrise der 1980er (der ›verlorenen Dekade‹) sowie der darauf folgenden neoliberalen Strukturanpassungsprogramme zu sehen, was sich gerade auch in der Sozialstruktur und der Zusammensetzung sozialer Klassen widerspiegelt.

Obwohl soziale Ungleichheit eine länderübergreifende Konstante in Lateinamerika darstellt, lassen sich Unterschiede erkennen. Während in den 1990er Jahren Länder wie Brasilien, Chile und Kolumbien sich durch die größte soziale Ungleichheit auszeichnen, gelten Länder wie Uruguay, Costa Rica und Venezuela zu jenen Ländern Lateinamerikas, in denen die Einkommensverteilung der Haushalte ausgewogener ist, aber dennoch nicht den Verteilungsgrad der Länder Westeuropas erreichen. Doch macht sich soziale Ungleichheit nicht allein am Einkommen fest. Vielmehr sind Faktoren wie Bildung, Gesundheit, Wohnung, Infrastruktur, Lebensqualität, etc. in einen differenzierten und multi-dimensionalen Begriff sozialer Ungleichheit einzubeziehen. Einen Versuch der Operationalisierung stellt in diesem Zusammenhang der Human Development Index (HDI) der Vereinten Nationen dar. Beim Lesen der Daten ist allerdings nicht der Fehler des methodologischen Nationalismus zu begehen, nachdem die Daten homogen auf das gesamte nationale Territorium zu projizieren wären. Vielmehr gibt es immense regionale Disparitäten: Während zu Beginn der 1990er der HDI von Vitacura, dem reichen Stadtviertel von Santiago de Chile, dem von Japan oder den Niederlanden entspricht, sind die Index-Werte für die ländlichen Gebiete Chiles, in denen sich ein hoher Anteil an Mapuche-Bevölkerung konzentriert, mit dem HDI von Botswana und der Mongolei vergleichbar. Dabei haben soziale Ungleichheit und Benachteiligung verschiedene Dimensionen, die entlang von sozialen Differenzen wie Gender, Ethnizität, Klasse, Alter, Region, etc. erfolgen. In den Sozialwissenschaften wird die Verschränkung (und zum Teil Potenzierung) von Benachteiligung entlang verschiedener Differenzen unter dem Stichwort Intersektionalität diskutiert.

Der einführende Baustein der Unterrichtsmappe dient dazu, Chile als den meisten Schüler_innen vermutlich unbekanntes Land vorzustellen, mit seinen wesentlichen geographischen, sozio-demographischen, ökonomischen und kulturellen Besonderheiten. Darüber hinaus sollen aber auch bereits erste Einblicke in aktuelle Konfliktsituationen der chilenischen Gesellschaft gegeben werden, die in den folgenden Kapiteln vertieft werden.

Überblick über die einzelnen Unterrichtseinheiten

1.1. Conociendo Chile (90 Min.)

Im ersten Teil des Einführungsmoduls erfahren die SuS etwas über unterschiedliche Kultur- und Naturräume Chiles und über deren Nutzung. Die Einführung unterstreicht die Diversität Chiles und schafft eine erste Wissensbasis für die Unterrichtsreihe. Die SuS führen gemeinsam eine Diashow über Chile durch und stellen sich gegenseitig verschiedene Facetten des Landes vor. Optional können die Informationen aus der Diashow spielerisch wiederholt und die SuS zum sprachlichen Handeln angeregt werden.

1.2. Desigualdades (45 Min.)

Im zweiten Teil der Einleitung setzen sich die SuS mit strukturellen Ungleichheiten in der chilenischen Gesellschaft auseinander. Sie lernen unterschiedliche Dimensionen der Benachteiligung kennen, die entlang von sozialen Differenzen wie Gender, Ethnizität, Klasse, Alter, Region, etc. erfolgen. Dabei wird auch die Potenzierung sozialer Benachteiligung durch die Verschränkung unterschiedlicher Ungleichheitsmerkmale thematisiert (Stichwort: Intersektionalität).

Übersichtstabellen zur Unterrichtsplanung

1.1. Conociendo Chile (90 Min.)

Ziele: Die SuS erfahren etwas über unterschiedliche Kultur- und Natur-räume Chiles und über deren Nutzung. Sie erarbeiten sich eigenständig erstes Hintergrundwissen, das sie ihren Mitschüler_innen weitervermitteln. Die Einführung unterstreicht die Diversität Chiles und schafft eine erste Wissensbasis für die Unterrichtsreihe.

Fachspezifische Kompetenzbereiche: Sprechen, Sprachmittlung, soziokulturelles Orientierungswissen, interkulturelles Verstehen, Texte verstehen und wiedergeben, Wortschatz zielgerichtet einsetzen

Kompetenzbereiche des Globalen Lernens: Erkennen von Vielfalt

Wesentliche Aspekte des Interaktionsgeschehens	Medien	Anforderungsbereiche / Operatoren
Die Unterrichtsstunde beginnt mit einem Gespräch, in dem das in der Gruppe vorhandene Vorwissen zu Chile gesammelt wird. • *¿Conoces Chile?* • *¿Dónde se ubica Chile? (Muestra en el mapa)* • *¿Con qué países limita Chile?* • *¿Qué sabes sobre Chile?*	*M 1.1:* Mapa de Chile	
Proyección de Imágenes de Chile Die SuS bereiten gemeinsam eine partizipative Diashow zu *Chile* vor. Sie erhalten dazu jeweils ein Bild mit deutschsprachigen Hintergrundinformationen. Mithilfe der Textvorlage und eines Wörterbuches bereiten sie eine möglichst freie Präsentation (1–2 Minuten) ihres Themas auf Spanisch vor. In der Präsentationsphase erhalten sie ein Arbeitsblatt mit den Fotos aller vorgestellten Themen, auf dem sie sich Notizen machen können.	*M 1.2:* Informationskarten mit Bildern (ZM) *M 1.3:* PPP mit Bildern (ZM) *M 1.4:* Arbeitsblatt ›Imáganes de Chile‹ (ZM) Ggf. Wörterbücher Beamer, PC	I (resumir) I (presentar)
Reflexión: Nach Abschluss der Präsentationen findet eine kurze Reflexionsrunde statt: Mögliche Fragen: • *¿Qué aprendiste de Chile?* • *¿Qué aspectos te llamaron la atención?* • *Discusión final sobre la pregunta ¿Es Chile un país hermoso?*		III (justificar) III (opinar)
Optionale Elemente: a) Wenn die Schule über eine große Lateinamerikakarte verfügt, können die Fotos an den entsprechenden Stellen an dieser befestigt werden. b) Die SuS erstellen einen Zeitstrahl auf dem sie wichtige Ereignisse der chilenischen Geschichte festhalten. Dieser kann mit den ersten Informationen aus der Diashow begonnen werden und im Laufe der Einheit fortgesetzt werden. c) MEMORY – Entrenar la memoria: Zur Sicherung des erlernten Grundlagenwissens zu Chile kann ein Memory-Spiel in Gruppen von ca. 5 Personen durchgeführt werden.	*M 1.5:* Memory-Karten (ZM)	II (explicar)

1.2. Desigualdades (45 Min.)

Ziele: Die SuS lernen fiktive, repräsentative Vertreter_innen verschiedener sozialer Gruppen im heutigen Chile kennen und beschäftigen sich mit deren gesellschaftlichen, wirtschaftlichen und politischen Teilhabemöglichkeiten. Sie lernen unterschiedliche Dimensionen der Benachteiligung kennen, die entlang von sozialen Differenzen wie Gender, Ethnizität, Klasse, Alter, Region, etc. erfolgen. Dabei wird auch die Potenzierung sozialer Benachteiligung durch die Verschränkung unterschiedlicher Ungleichheitsmerkmale thematisiert (Stichwort: Intersektionalität).

Fachspezifische Kompetenzbereiche: soziokulturelles Orientierungswissen, interkulturelle Einstellungen, interkulturelles Verstehen und Handeln, mit Perspektiven von Akteuren auseinandersetzen, Texte deuten, Schreiben eigener kreativer Texte (optional)

Kompetenzbereiche des Globalen Lernens: Erkennen von Vielfalt, vernetztes Denken, Empathie, kritische Reflexion und Stellungnahme

Wesentliche Aspekte des Interaktionsgeschehens	Medien	Anforderungsbereiche / Operatoren
Für die Aktivität ›Desigualdades‹ stehen 11 unterschiedliche Profile zur Verfügung. Damit alle SuS aktiv an dem Spiel teilnehmen können, sollte die Klasse in zwei bis drei Gruppen aufgeteilt werden. Einzelne Profile können auch ausgelassen werden, falls die Anzahl nicht passt. Die SuS erhalten jeweils ein biographisches Profil und haben 5–10 Minuten Zeit, sich ihre Personenbeschreibung aufmerksam durchzulesen und sich in ihre jeweilige Person hineinzuversetzen. Die folgenden Fragen dienen als Anleitung dazu. Lee el texto, imagínate tu personaje … e imagínate que tu eres esta persona … • ¿Cuáles son los desafíos con los cuales te ves confrontado? • ¿Qué te ha aliviado la vida? Die SuS dürfen sich vor und während der Übung nicht über ihre Charaktere austauschen.	**M 1.6:** Perfiles de chilenos y chilenas **M 1.7:** Preguntas para Actividad ›Desigualdades‹ **M 1.8:** Tablero ›Desigualdades‹ y posible resultado (ZM)	II (imaginarse)
Die SuS stellen sich in einer Linie auf. Die Lehrperson liest die Fragen vor (siehe Frageliste ZM). Die SuS entscheiden sich selbstständig, ob die jeweilige Frage auf sie zutrifft und gehen ggf. einen Schritt nach vorne oder treten einen Schritt zurück. Alternativ kann die Übung im Sitzen durchgeführt werden. Dafür wird ein Gruppentisch vorbereitet mit dem Spielbrett in der Mitte. Nach Abschluss der Einheit ergibt sich durch die Verteilung der SuS im Klassenraum ein Überblick über die unterschiedlichen Positionierungen der Personen.	Freigeräumter Raum / Schulhof oder Gruppentische mit Spielbrett (Kopiervorlage in den ZM), Spielsteinen (z.B. kleine Steine, Spielfiguren aus einem Brettspiel)	II (evaluar)
Reflexionsrunde: (evtl. einzelne Fragen auswählen) • ¿Qué se os ha ocurrido observando lo que pasó en el ejercicio? • ¿Presenta a tu personaje a tus compañeros de curso: Quién eres? • ¿Porqué te encuentras en el lugar donde de encuentras? • ¿Qué muestra el ejercicio? ¿Hay algo que os llama mucho la atención?		II (evaluar)

1.1.

Conociendo Chile

Mira el mapa:
- ¿Dónde se ubica Chile?
- ¿Qué países limitan con Chile?
- ¿Qué sabes sobre Chile?

▶ **M 1.1: Mapa de Chile y América del Sur**

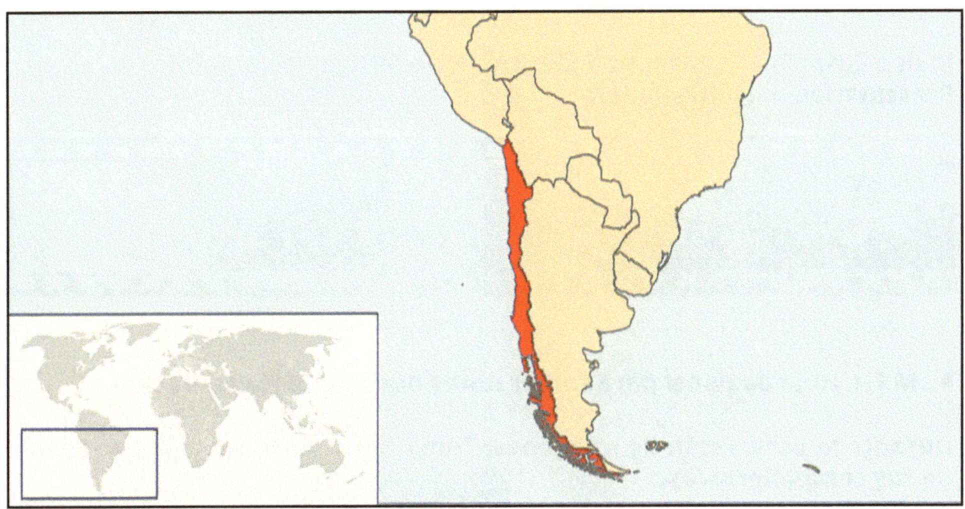

Fuente *www.commons.wikimedia.org /wiki/File:LocationChile.svg#/media/ File:LocationChile.svgs*

▶ **M 1.2: Chile en imágenes**

Die benötigten Medien befinden sich im Zusatzmaterial.

Land / Territorio
1. Verrückte Geographie
2. Atacama-Wüste
3. Anden
4. Santiago de Chile
5. Antarktis / Patagonien

Bevölkerung / Población
6. Mapuche
7. Deutsche Einwanderung
8. Osterinsel / Rapa Nui
9. Frauen

Wirtschaft und Ressourcen / Economía y recursos naturales
10. Salpeter
11. Kupfer
12. Wein
13. Forstwirtschaft
14. Fischerei

Kultur / Cultura
15. Nueva Canción Chilena
16. Fiestas Patrias
17. Pablo Neruda
18. Cueca
19. Empanada
20. Hip Hop / Rap

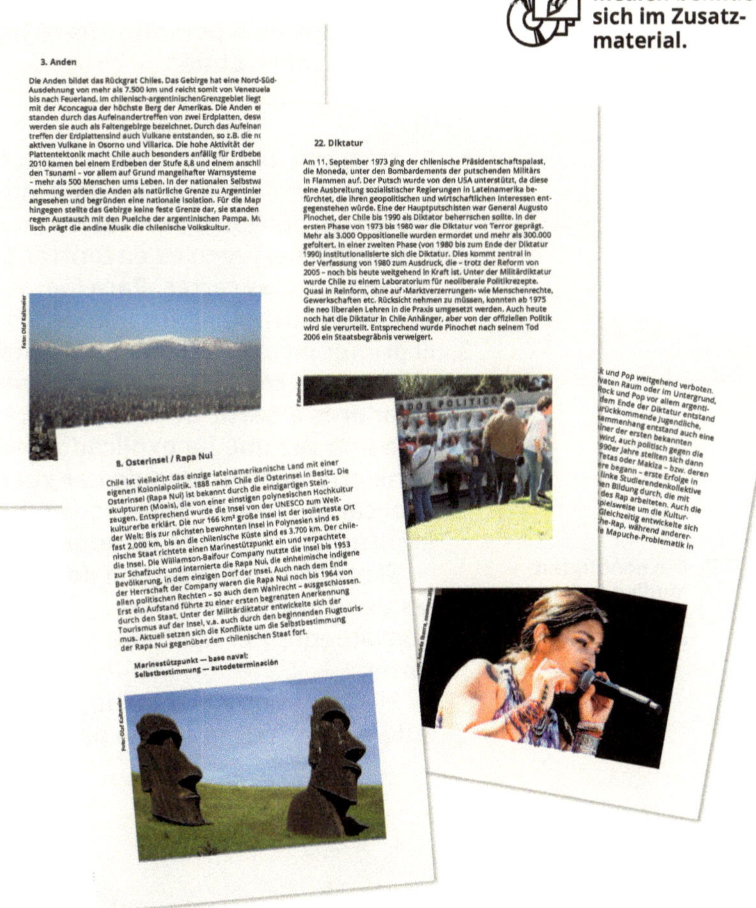

Politik / Política
21. Volkseinheit / Unidad Popular
22. Diktatur
23. No – Nein
24. Neoliberalismus

Vas a recibir una imagen de Chile con un texto correspondiente en alemán. Con estos materiales prepara una presentación en español de 1–2 minutos para tus compañeros de curso. Resume brevemente el texto que recibiste y en base a esta información describe y explica la imagen correspondiente.

Die benötigten Medien befinden sich im Zusatzmaterial.

▶ **M 1.3: Proyección de Imágenes de Chile:**

In den Zusatzmaterialien befindet sich eine fertige Powerpoint-Präsentation mit allen Bildern.

▶ **M 1.4: Hoja de papel para tomar notas durante la presentación**

Durante la proyección de imágenes: Toma notas de las presentaciones de tus compañeros/as

▶ **M 1.5: Memory – Entrenar la memoria**

Forma grupos de 5 personas para jugar Memory y comprobar lo que aprendiste sobre Chile.

REGLAS
1. En total son 48 cartas (24 parejas). Las cartas muestran imágenes de Chile utilizadas en la proyección que vimos en el ejercicio anterior. Para comenzar, pongan las cartas boca abajo y mézclenlas sin ver las imagenes.
2. El *objetivo* del juego es encontrar dos imágenes iguales cada vez que se destapen las cartas. Para lograr este objetivo los jugadores tienen que memorizar la ubicación de las diferentes cartas.
3. El primer jugador puede dar vuelta a dos cartas.
   Si las cartas coinciden debe explicar, en español, la imagen a los demás jugadores a partir de la información proyectada en el ejercicio anterior. Sólo una vez que ha explicado, puede retirar las cartas de la mesa y tiene otra oportunidad de dar vuelta a dos más. Si el jugador no sabe explicar la imagen, debe volver a esconder la pareja y es el turno del siguiente jugador.
   Si el jugador da vuelta a dos cartas diferentes tiene que esconderlas nuevamente y el siguiente jugador toma el turno.
   El jugador que al final ha acumulado más cartas ganará la partida.

Die benötigten Medien befinden sich im Zusatzmaterial.

Kopiervorlage (2 ×)

1.2.

....

Desigualdades

....

▶ **M 1.6: Perfiles de chilenos y chilenas**

....

Buenos días:
soy Cristián Edwards y tengo 15 años. Pertenezco a una de las familias más importantes del país. Por nuestro espíritu de empresarios, manejamos muchos de los consorcios mas importantes de Chile. Todos mis amigos en el colegio son parte de las mejores familias de Chile, o hijos de embajadores de países europeos. Mi papá me dice que ahí es el lugar para armar las amistades con los futuros ministros y gerentes de empresas. Pero por ahora me gusta más practicar mi deporte favorito, el golf. Cuando termine el colegio me voy a estudiar en la Universidad de Chicago.

Buenos días. Mi nombre es Germán Reyes. Tengo 55 años. Luego de mis estudios de ingeniería en la Universidad de Concepción conseguí un buen trabajo en una minera de cobre. Pero la empresa cambio varias veces de dueño y ahora pertenece a un holding canadiense. Por motivos de trabajo tuve que trasladarme a Arica. Tengo un trabajo seguro y bien remunerado, lo que me ha permitido comprar un departamento en el cual vivo con mi esposa y mi hija. En el poco tiempo libre que me queda, me gusta practicar la pesca. Esto me relaja bastante.

Soy Roberta Valdivia Schmitt. Desde mi niñez vivo en la ciudad de Valdivia. De parte de mi madre tengo antecedentes alemanes. Soy empleada de un banco. Los sueldos en Valdivia son más bajos que en la capital, pero aquí la vida es más barata y tranquila. De hecho, aquí en la provincia llamamos a Santiago ›Santiasco‹. Cuando regreso del trabajo tengo que preocuparme de limpiar y ordenar. Tenemos una empleada mapuche que nos ayuda tres días por semana. Pero soy yo quien se preocupa de nuestros tres hijos. Mi esposo trabaja como administrador de proyectos y regularmente pasa varios días fuera de la ciudad.

Soy Violeta.
Crecí en la comuna Nuñoa en Santiago. Vivo en la casa de mis papás. Sin esta herencia no podría pagar una casa en este barrio. Soy madre soltera. Tengo dos hijos. Una hija de cinco y un hijo de siete años. Mi marido nos dejó cuando recién estaba embarazada de Miguel. Mi papá trabajó en el Banco Central y mi mamá era ama de casa. Los días martes y miércoles venía Pancha, una mujer mapuche, para ayudarnos en la casa. Hoy no tengo a nadie quien me ayude. Sólo mi mamá me apoya cuidando a los niños mientras trabajo. Mi trabajo como profesora de matemática en el colegio bilingüe ›Green School‹ me gusta mucho. Sólo me molesta que mi colega Francisco gane más que yo, aunque hacemos el mismo trabajo.

Hola.
Mi nombre es Francisco Linares y tengo 19 años. Estudio en el Colegio Alemán en Las Condes, comuna donde vivo. En mi tiempo libre me gusta mucho leer y jugar tenis. Hace unos dos años atrás me di cuenta que no tengo mucho interés en las minas. De hecho me gustaban mas los hombres. Después de una relación con un hombre mayor decidí declarar abiertamente mi homosexualidad. De hecho tenía bastante miedo. Fue precisamente la época cuando el estudiante Daniel Zamudio fue asesinado por ser homosexual. Muchos de mis compañeros se distanciaron y hablaban mal de mí. Algunos me insultaban llamándome ›maricón‹. Pero otros, y sobre todo mujeres, me apoyaron. También recibí mucho apoyo de parte de mi familia. Y tal como en Chile existe ya desde 2015 una ley que reconoce uniones del mismo sexo, espero que crezca la tolerancia hacia la diversidad sexual. A pesar de la influencia de la iglesia.

He aroha. Soy Manuel Paola, de Rapa Nui. Tengo 54 años y
crecí los pimeros años de mi vida entre Tahiti y Rapa Nui. Yo no me siento
chileno. Pertenezco al mundo polinésico. Así que tengo más en común con la
gente de Tahiti, de Hawai'i o los Maori de Nueva Zelandia que con los chilenos del continente. Mis familiares eran pescadores y sufrieron mucha discriminación por parte de la ovejera que prácticamente dominaba la isla. Todos
los rapa nui eran cercados en el pueblo Hanga Roa. Ni siquiera podían visi-
tar los lugares sagrados de los moais. Pero con la construcción del aeropuer-
to, durante el gobierno de Pinochet, y el aumento del turismo, estoy bien.
Ahora manejo un camping con cabañas.

Buenos días. Soy Alejandro Castro. Tengo 19 años y trabajo en una gran
cadena de supermercados. Ahí me ocupo de poner la mercancía en los estan-
tes. Es un trabajo duro y como trabajador no te respetan mucho. Apenas
empieza a funcionar un sindicato para mejorar las condiciones de trabajo.
Pero todavía no me meto. Tengo miedo que me despidan. No me interesa la
política. Mi compañera igual sale a trabajar. Y mi mamá tiene que cuidar a
nuestra hija. Sin este apoyo será difícil pagar todas las cuentas. Gracias a la
tarjeta de crédito podemos comprar para días especiales, como navidad o
un cumpleaños, algunas cosas extras.

Hola. Me llamo Jhon Riquelme. Llegué hace cinco años de Medellín a Santiago. Santiago me gusta mucho porque la vida es más tranquila. Aunque
como colombiano ya empiezan a asociarte con la mafia y las drogas, todavía
me tratan bien. Si trabajas duro, te puedes ganar la vida. Empecé como ven-
dedor en las micros y ahora trabajo de garzón en un restaurante. Nosotros
los colombianos tenemos fama de atender bien a la gente. He podido ahor-
rar un poco de plata. Mi sueño es armar mi propio restaurante de comida
colombiana. Las arepas y los patacones para mí son más ricos que las empa-
nadas de pino o el pastel de choclo.

Hola. Mi nombre es Consuelo y tengo 22 años. Soy de un pueblo de la costa
pacífica de Colombia. Por la violencia mis padres se fueron a la capital, Bogotá.
Pero ahí tampoco había mucho trabajo. Un amigo me contó de la posibilidad
de trabajar en Chile donde pagan bien y donde la vida es tranquila. Por eso
me fui a trabajar a Punta Arenas como vendedora en la Zona Franca. Al prin-
cipio era muy duro aguantar el frío allá. Pero hay una pequeña comunidad
colombiana y logro mandar plata a mi familia en Colombia. Como colombiana te tratan más o menos bien. Claro; como tengo la piel más oscura de
repente me miran un poco raro. Además algunos hombres creen que sólo
por ser colombiana eres prostituta. Esto molesta mucho.

Mari mari.
Me llamo Alihuen Nahuelpán y soy Mapuche. Tengo 45 años y vivo en el pueblo Lumaco en la IX región. Mis papás me mandaron al colegio a Temuco.
Dijeron que la educación era mejor. Pero ahí los otros estudiantes chilenos
se burlaron de mi manera de hablar español. En historia y geografía la historia del pueblo mapuche era ausente. Esto me parece injusto porque eramos
los dueños de todos los territorios al sur del Rio Bío-Bio. Al no encontrar trabajo en Temuco, regresé a Lumaco. Ahí me dedico a la agricultura. Pero estamos cercados por las empresas forestales y casi no queda agua para nuestras plantas. Reclamamos nuestras tierras, pero el Estado chileno no quiere
escuchar. En cambio, manda policías y militares.

Buenos días. Mi nombre es Juana Salazar. Tengo 72 años y soy viuda. Toda
mi vida he trabajado en una pequeña agencia. Pero ahora la plata de la jubilación no me alcanza para vivir. Además, como mujer te dan una pensión
menor. En la dictadura abolieron el sistema estatal de pensiones y introdu-
jeron las AFP, un sistema privatizado. Pero vivir en Santiago es caro y la plata
apenas alcanza para la vida cotidiana. Para cubrir los costos de la atención
médica tengo un motón de deudas. Por suerte mi familia me apoya. Pero a
mí me da lástima morir y dejarles con mis deudas. Esto no es una vida digna.

▶ M 1.7: Preguntas para Actividad ›Desigualdades‹

- Si tu familia te apoya si tienes problemas emocionales, de salud o si tienes problemas económicos, un paso adelante. (+1) Wenn du ein Umfeld hast, das dich in emotionalen, gesundheitlichen oder wirtschaftlichen Notlagen unterstützt, gehe einen Schritt nach vorn. (+1)
- Si es probable que nunca tengas que preocuparte por tu situación económica, un paso adelante. (+1) Wenn du dir wahrscheinlich niemals Sorgen um deine finanzielle Situation machen musst, gehe noch einen Schritt nach vorn. (+1)
- Si tienes que trabajar duro para sobrevivir, un paso para atrás. (-1) Wenn du hart arbeiten musst, um deinen Lebensunterhalt zu garantieren, gehe einen Schritt zurück. (-1)
- Si estás preocupado por tener que apoyar económicamente a tu familia, un paso para atrás. (-1) Wenn dich belastet, dass du Familienmitglieder finanziell unterstützen musst, gehe einen Schritt zurück. (-1)
- Si ganas menos que los hombres que trabajan contigo, un paso para atrás. (-1) Wenn du weniger verdienst als deine männlichen Kollegen, einen Schritt zurück. (-1)
- Si tienes poco o ningún apoyo de otras personas en el cuidado de tus hijos, un paso para atrás. (-1) Wenn du in der Erziehung deiner Kinder weitgehend auf dich alleine gestellt bist/warst, gehe einen Schritt zurück. (-1)
- Si otros miembros de tu familia están a cargo del cuidado de los niños o de las tareas la casa, un paso adelante. (+1) Si tu familia paga a otras personas para el trabajo en su casa o el cuidado de los niños, otro paso adelante. (+1) Wenn die Sorgearbeit für deine Familie (z.B. Kindererziehung, oder Haushaltsarbeit) von anderen Familienmitgliedern übernommen wird, gehe einen Schritt nach vorne. (+1) Wenn deine Familie andere Menschen für ihre Haushaltsarbeit oder die Kinderbetreuung bezahlt, gehe noch einen Schritt nach vorne. (+1)
- Si has sufrido alguna vez un acoso sexual, un paso para atrás. (-1) Wenn du schon mal einen sexuell belästigt wurdest, trete einen Schritt zurück. (-1)
- Si no te sientes segura/o caminando sola/o en la calle por la noche, un paso para atrás. (-1) Wenn du dich auf Grund deines Geschlechts nachts ungern alleine auf die Straße traust, gehe einen Schritt zurück. (-1)
- Si has tenido miedo de sufrir maltrato o violencia física por tu orientación sexual, un paso para atrás. (-1) Wenn du jemals Angst gehabt hast, wegen deiner sexuellen Orientierung beschimpft oder gar verprügelt zu werden, gehe einen Schritt zurück. (-1)
- Si te sientes chileno/a, un paso adelante. (+1) Wenn du dich als Chilene/Chilenin verstehst, gehe einen Schritt nach vorn. (+1)
- Si has sufrido maltrato o discriminación por tus orígenes familiares, un paso para atrás. (-1) Wenn du wegen deiner Herkunft beschimpft worden bist, einen Schritt zurück. (-1)
- Si podías hablar tu lengua materna en el colegio, un paso adelante. (+1) Wenn in deiner Schule in erster Linie deine Erstsprache gesprochen wurde, gehe einen Schritt nach vorn. (+1)
- Si alguna vez fuiste controlado por la policía por tu aparencia física, un paso para atrás. (-1) Wenn du je von der Polizei wegen deines äußeren Erscheinungsbildes kontrolliert worden bist, gehe einen Schritt zurück. (-1)
- Si estás contento con tu vida, un paso adelante (+1), si no, un paso para atrás. (-1) Wenn du mit deinem Leben zufrieden bist, gehe einen schritt nach vorn. (+1) Wenn nicht, einen Schritt zurück. (-1)

Die benötigten Medien befinden sich im Zusatzmaterial.

▶ M 1.8: Tablero ›Desigualdades‹ y posible resultado

SEBASTIÁN HENRÍQUEZ, NICOLE SCHWABE
& GEANINA ZAGAL EHRENFELD

DICTADURA MILITAR Y RECUPERACIÓN DE LA MEMORIA HISTÓRICA

Am 11. September 1973 wurde die demokratisch gewählte Regierung Salvador Allendes von einer Militärjunta um Augusto Pinochet gestürzt. Der Putsch markiert einen massiven Bruch mit der vorherigen Gesellschaftsordnung. Insbesondere die ersten Jahre der Diktatur zeichneten sich durch ein Machtmonopol der Militärjunta und eine Politik des Terrors aus, die darauf ausgerichtet war, den zuvor von der demokratisch gewählten Regierung Allendes eingeschlagenen Weg zum Sozialismus zu beenden. Die Terrorherrschaft war jedoch – insbesondere in einem internationalen Rahmen – nur schwierig zu legitimieren. Durch die Schaffung einer Verfassung, die durch ein manipuliertes Plebiszit im Jahr 1980 legitimiert wurde, schaffte die Militärregierung ein neues politisch-institutionelles Fundament zur Absicherung ihrer Herrschaft. Der Übergang zur Demokratie lässt sich im Oktober des Jahres 1988 mit dem Referendum über die Ablösung der Militärregierung ansetzen. Der Bevölkerung wurde hiermit die Entscheidung darüber überlassen, ob General Augusto Pinochet noch bis 1997 das Amt des Präsidenten innehaben sollte oder nicht. Der Sieg der Opposition und ihrer Kampagne des No führte zu Parlaments- und Präsidentschaftswahlen im Jahr 1989 bei denen die Opposition wiederum die Mehrheit der Stimmen erzielte. So wurde im März 1990 der Christdemokrat Patricio Aylwin zum Präsidenten ernannt.

Die Aufarbeitung von Menschenrechtsverbrechen in der post-diktatorischen Ordnung zeichnet sich dadurch aus, dass streng die zum Zeitpunkt geltende Rechtsnorm angewendet wird. Durch ein Rückwirkungsverbot in der juristischen Aufarbeitung dieser Fälle wird also mit einer überkommenen Justizstruktur gearbeitet. Die strafrechtliche Verfolgung setzt auf allen Hierarchieebenen an, läuft allerdings langsam und das Strafmaß variiert stark. Rechtliche Kriterien stehen in der Anklageerhebung und Verurteilung klar vor politischen Kriterien. Rund 25 Jahre nach dem Ende der Pinochet-Diktatur gibt es nicht nur Kritik an der unzureichenden Aufarbeitung der Militärdiktatur, sondern auch eine Debatte über das autoritäre Erbe im politischen System. Deutlich macht dies beispielsweise die Diskussion über die Ablösung der aus der Militärdiktatur stammenden Verfassung. Einer ganzen Reihe neoliberal ausgerichteter, marktradikaler Reformen in der Militärdiktatur führten zu einer Abkehr von einem staatlichen Interventionismus und zur Privatisierung großer Teile der Produktion. Damit ging einher, dass die Bereitstellung öffentlicher Dienstleistungen zurückgefahren und dem Markt überlassen wurde. Dies führte beispielsweise zu einer schrittweisen Privatisierung des Bildungs-, des Gesundheits-, wie auch des Rentensystems. Rückblickend lässt sich feststellen, dass die demokratischen Regierungen zwar versuchten den sozialen Folgen einer marktradikalen Politik entgegenzuwirken, im Grunde aber am neoliberalen Modell festhielten und dieses noch weiter vertieften. Diesen traditionellen Parteien wird deshalb von einer neuen Generation vorgeworfen, das Erbe der Militärdiktatur weiter fortgetragen und verfestigt zu haben.

Überblick über die einzelnen Unterrichtseinheiten

2.1. Golpe Militar: El otro 11 de septiembre (45 Min.)

Das Kapitel zu Militärdiktatur und Erinnerungspolitik steigt mit dem wohl emblematischsten Ereignis der jüngeren chilenischen Geschichte ein. Ausgehend von dem Bild des brennenden Präsidentschaftspalastes ›La Moneda‹ erfahren die SuS etwas über den Militärputsch des 11. Septembers 1973. Einerseits kennzeichnet dieser Tag den Eskalationspunkt eines seit Jahren andauernden Ringens unterschiedlicher politischer Projekte, andererseits ist dieser Tag der Ausgangspunkt einer fast 20 Jahre andauernden Terrorherrschaft.

2.2. Unidad Popular (45 Min.)

Um zu verstehen, was der 11. September für Chile bedeutet hat, wird in der zweiten Unterrichtsstunde auf die Jahre der Unidad Popular zurückgeblickt. Über die Annäherung an die Figur Salvador Allendes erfahren die SuS, was das politische Projekt des Parteienbündnisses der Unidad Popular für die chilenische Gesellschaft bedeutet hat.

2.3. Dictadura y violaciones de Derechos Humanos (135 Min.)

Die Einheit bietet vertiefende Materialien zur Militärdiktatur und thematisiert sowohl Menschenrechtsverletzungen als auch die Strukturreformen der Militärjunta. Ziel der Untereinheit ist es, dass die SuS Brüche und Kontinuitäten seit der Militärdiktatur identifizieren können. Im zweiten Teil wird auf die spezifischen Erfahrungen und die Auswirkungen der Diktatur auf Frauen aufmerksam gemacht.

2.4. Memoria Histórica (90 Min.)

Nach der ausgiebigen Auseinandersetzung mit der chilenischen Geschichte befasst sich der letzte Teil des Kapitels mit der nachträglichen Auseinandersetzung mit dieser Vergangenheit. So findet eine Annäherung an das Thema Erinnerungskultur und Erinnerungspolitik in Chile statt. Diese Thematik wird auch im folgenden Kapitel zu Studierendenprotesten wieder aufgegriffen.

2.1. Golpe Militar: El otro 11 de septiembre (45 Min.)

Ziele: Der Einstieg dient dazu, sich grundlegendes Hintergrundwissen zum 11. September 1973 in Chile anzueignen und soll dazu anregen, sich intensiver mit der Vorgeschichte des Militärputsches und der Entwicklung Chiles während der Jahre der folgenden Militärdiktatur zu beschäftigen.

Fachspezifische Kompetenzbereiche: Leseverstehen, Textverstehen, zusammenhängendes Sprechen, soziokulturelles Orientierungswissen zu historischen Entwicklungen, optional: Mit Perspektiven von Akteuren auseinandersetzen

Kompetenzbereiche des Globalen Lernens: Wissenserwerb, Perspektivenwechsel, Empathie

Wesentliche Aspekte des Interaktionsgeschehens	Medien	Anforderungsbereiche / Operatoren
Einleitende Diskussion, in der Assoziationen zum Bild des brennenden Präsidentenpalastes als emblematischem historischen Ereignis der chilenischen Geschichte zur Aktivierung des Vorwissens gesammelt werden. *La foto muestra el palacio de la Moneda, sede del presidente/de la presidenta de la República de Chile, el 11 de septiembre de 1973. ¿Qué podría haber pasado este día en Chile? ¿Ustedes saben algo sobre la historia de Chile?*	**M 2.1:** Bild ›La Moneda‹	III (opinar) I (contar)
Die SuS lesen den Einleitungstext ›11 de septiembre de 1973. El día que cambió la historia de Chile‹, unterstreichen die wichtigen Informationen und beschreiben auf der Basis dieser Informationen die folgenden Fotos. Optional können die SuS die Begriffe ›Golpe de Estado‹ und ›Golpe militar‹ in einer Enzyklopädie oder in einem Wörterbuch suchen.	**M 2.2:** Text ›11 de septiembre‹ **M 2.3:** Fotos ›Imágenes de la historia reciente de Chile‹	I (describir)
Optionale Elemente: Vertiefende Auseinandersetzung mit dem Militärputsch anhand eines persönlichen Zeugnisses: Testimonio de Miguel en: Relatos sobre la Dictadura Militar en Chile. Ilustraciones animadas creadas a partir de los testimonios del archivo audiovisual de Londres 38, espacio de memorias, narradas por sus propios protagonistas. URL: *www.londres38.cl/1934/w3-article-93130.html*	**M 2.4:** ›Testimonio Miguel‹ (ZM)	I (resumir)

2.2. Unidad Popular (45 Min.)

Ziele: Um den Bruch durch die Militärdiktatur zu bewerten, nähern sich die SuS an den gesellschaftspolitischen Kontext vor der Militärdiktatur an und befassen sich über die Figur Salvador Allendes mit dem politischen Projekt des Parteienbündnisses der Unidad Popular.

Fachspezifische Kompetenzbereiche: Leseverstehen, Sprechen, Verfassen kurzer Texte, sozio-kulturelles Orientierungswissen zu historischen und kulturellen Entwicklungen, Optional: Hörsehverständnis, Text- und Medienkompetenz

Kompetenzbereiche des Globalen Lernens: Wissenserwerb

Wesentliche Aspekte des Interaktionsgeschehens	Medien	Anforderungsbereiche / Operatoren
Stundeneinstieg durch ein kritisches Werturteil über Fotos von Salvador Allende • *¿Qué imagen del presidente Salvador Allende transmiten estas fotos?* • *¿Por qué crees que era importante para la Unidad Popular transmitir esta imagen de su presidente?*	**M 2.5:** Fotos Allende	I (describir) II (explicar)
Die SuS lesen die Biografie Salvador Allendes und beantworten die folgenden Fragen: • *¿Cuál era la trayectoria política de Allende antes de llegar al poder en 1970?* • *¿Cuáles eran las ideas políticas de Allende?*	**M 2.6:** Text ›Biografía de Salvador Allende‹	I (resumir)
Die SuS hören sich das Lied ›Canción del poder popular‹ von Inti Illimani an und diskutieren in Kleingruppen die folgenden Fragen zu den politischen Ideen der Unidad Popular: • *¿Con qué objetivo se grabó esta canción?* • *¿Qué transmite la canción sobre las ideas políticas del gobierno de la Unidad Popular?* • *¿Por qué la canción afirma ›que esta vez no se trata de cambiar un presidente‹?*	**M 2.7:** Liedtext ›Canción del poder popular‹ Ein Video des Liedes findet sich unter folgender URL: www.youtube.com/watch?v=8USuZrYemjk	II (analizar) II (interpretar)

Die Ergebnisse aus den Kleingruppen-Diskussionen werden im Plenum verglichen und diskutiert.

2.3. Dictadura y violaciones de Derechos Humanos (135 Min.)

Ziele: Vertiefende Auseinandersetzung mit unterschiedlichen Dimensionen der Militärdiktatur und insbesondere mit Menschenrechtsverletzungen in der Militärdiktatur und deren Aufarbeitung, sowie mit Strukturreformen der Militärjunta, die bis heute die chilenische Gesellschaft beeinflussen.

Durch den Teil ›Mujeres en la Dictadura‹ wird nochmal spezifisch auf die Situation von Frauen in der Diktatur eingegangen.

Fachspezifische Kompetenzbereiche: Leseverstehen, Hör(seh)verständnis, zusammenhängendes Sprechen, Wortschatz zielorientiert nutzen, sozio-

kulturelles Orientierungswissen zu historischen Entwicklungen, Texte verstehen, deuten und analysieren, Medien funktional nutzen für eigene Textproduktion, eigenen Lernprozess planen, eigenständiges, kooperatives Bearbeiten von Aufgaben

Kompetenzbereiche des Globalen Lernens: Informationsverarbeitung und Wissenserwerb, Perspektivenwechsel, kritische Reflexion und Stellungnahme

Wesentliche Aspekte des Interaktionsgeschehens	Medien	Anforderungsbereiche / Operatoren
Primera parte: Facetas de la Dictadura de Pinochet Die SuS können diese Materialstationen eigenständig in Einzel- oder in Partnerarbeit durchlaufen und sich mit unterschiedlichen Facetten der Militärdiktatur auseinandersetzen. *Die einzelnen Materialstationen lassen sich auch unabhängig voneinander einsetzen.	**M 2.8:** Material-Stationen (ZM)	II (analizar)
Zeitstrahl zur chilenischen Militärdiktatur Die SuS verarbeiten die Inhalte des Stationenlernens, indem sie eine chronologische Übersicht zu den wichtigsten Ereignissen der jüngsten chilenischen Geschichte erstellen. Im Plenum werden anschließend gemeinsam die Eindrücke zu den Materialstationen reflektiert: • *¿Qué les llama la atención de la dictadura militar en Chile?* Reflexionsfrage, die darauf abzielt historische Brüche und Kontinuitäten der jüngsten chilenischen Geschichte herauszuarbeiten: • *¿En qué manera afecta el pasado de la dictadura de Chile la actualidad del país?*		III (evaluar) III (opinar)
Segunda parte: Mujeres en la Dictadura Im Widerstand gegen die Militärdiktatur haben Frauen eine wichtige Rolle gespielt. ›La Cueca sola‹ als politische Protestform macht auf das Verschwindenlassen von Personen (hier: insbesondere junger Männer) aufmerksam. Zur Einführung könnten die SuS zu einer Cueca (traditioneller chilenischer Tanz) recherchieren bzw. Videos zu einer Cueca als Paartanz und einer ›Cueca sola‹ gezeigt werden. Compara la cueca en pareja con la cueca sola y interpreta ¿Qué quieren expresar las mujeres con esta forma de protesta?	**M 2.9:** Bild ›La cueca sola‹ + *Optional:* Videos aus dem Internet ›Cueca‹ und ›Cueca sola‹	II (comparar) II (interpretar)
Die SuS setzen sich aus einer gendersensiblen Perspektive mit den Auswirkungen der Militärdiktatur auseinander. *Elige una de las mujeres descritas e investiga más de su historia. Elabora una breve biografía donde se incorpore lo siguiente: Carrera política, principales obras y aportes para la construcción de la democracia.* Im Plenum werden einzelne Biografien laut vorgelesen und Eindrücke zu den unterschiedlichen Lebensgeschichten der Frauen ausgetauscht.	**M 2.10:** Mujeres marcadas por la Dictadura Militar	I (presentar)

2.4. Memoria Histórica (90 Min.)

Ziele: Die SuS setzen sich mit den Funktionen auseinander, die eine Erinnerungskultur in der chilenischen Gesellschaft übernimmt. Am Beispiel der kontroversen Erinnerung an die Figur Pinochets lernen sie unterschiedliche Facetten dieser Erinnerung kennen.

Fachspezifische Kompetenzbereiche: Lese- und Textverständnis, an Gesprächen teilnehmen, Verfassen expositorischer Texte, sozio-kulturelles

Orientierungswissen zu gegenwärtigen politischen und gesellschaftlichen Diskussionen der chilenischen Gesellschaft, interkulturelles Verstehen und Handeln

Kompetenzbereiche des Globalen Lernens: Erkennen von Vielfalt, Perspektivenwechsel, kritische Reflexion und Stellungnahme, Verständigung und Konfliktlösung

Wesentliche Aspekte des Interaktionsgeschehens	Medien	Anforderungsbereiche / Operatoren
Die SuS lesen den Ausschnitt aus dem Interview mit Steve Stern und fassen zusammen: ¿Cómo se desarrolló según el autor el debate sobre memoria colectiva de la Dictadura y las violaciones de los Derechos Humanos en Chile? Danach werden in Gruppen oder im Plenum folgende Fragen diskutiert: • *¿Qué funciones cumple la memoria para la sociedad chilena?* • *¿Qué otras funciones de las que menciona Stern podéis identificar en base de lo aprendido sobre Chile y su historia?*	**M 2.11:** Entrevista con Steve Stern ›Memoria y política en Chile‹	I (resumir) III (discutir)
SuS lesen zunächst den Einführungstext zum Tod Pinochets. Anschließend werden verschiedene Äußerungen über Pinochet im Klassenraum aufgehängt. Die SuS haben 10 Minuten Zeit durch den Klassenraum zu laufen und sich die unterschiedlichen Äußerungen durchzulesen. Sie sollen sich danach einem Zitat zuordnen, das sie interessant finden (max. drei Personen pro Zitat) und haben 10 Minuten Zeit, um sich darüber auszutauschen. In Kleingruppen oder im Plenum können unterschiedliche Zitate vorgestellt und die folgenden Fragen reflektiert werden. • *¿Cómo es en general la opinión de las personas?* • *¿Hay mucho apoyo o hay más rechazo a la persona de Pinochet? Comparad las posiciones.*	**M 2.12:** Text ›La Muerte de Pinochet‹ **M 2.13:** Citas sobre Pinochet	I (resumir) III (convencer) II / III (comparar)
In der abschließenden Reflexion und Urteilsbildung werden die Zitate zu Pinochet mit der Debatte um Erinnerungskultur verbunden. Darüber hinaus sollte an dieser Stelle auch ein Transfer zur Erinnerungskultur in Deutschland, etwa in Bezug auf die NS-Zeit, angestrebt werden. Die SuS schreiben einen Blog-Eintrag zum Thema ›Memoria histórica‹.	**M 2.14:** Entrevista con Steve Stern ›Memoria y política en Chile‹	III (justificar) III (juzgar) II (exponer)

2.1.

Golpe Militar:
El otro 11 de septiembre

La foto muestra el palacio de la Moneda, la sede del presidente/de la presidenta de la República de Chile, el 11 de septiembre de 1973.
¿Qué podría haber pasado este día en Chile? ¿Vosotros sabéis algo sobre la historia de Chile?

▶ **M 2.1: Foto ›La Moneda‹, 11.09.1973**

Fuente
Enrique Arecena

**Lee el texto de introducción y marca la información importante.
Después elige una de las imágenes y descríbela en base a la información
del texto de introducción.**
*Opcional: ¿Busca en el diccionario o en una enciclopedia los términos
›Golpe de Estado‹ y ›Golpe militar‹.*

▶ **M 2.2: 11 de septiembre de 1973. El día que cambió la historia de Chile**

1 derrocar = destruir,
vencer

2 fortuna =
hier: Vermögen

3 dasabastecimiento =
hier:Unterversorgung

4 carabineros = nombre
de la policía chilena

5 detenidos
desaparecidos =
Bezeichnung für
Menschen, die von
staatlichen Sicher-
heitskräften entführt
oder heimlich ver-
haftet und anschlie-
ßend gefoltert und
ermordet wurden.

6 imputar a ... = atribuir,
zurückzuführen auf.../
zur Last von ...

El 11 de septiembre de 1973 es una de las fechas que más ha marcado la [1]
historia de Chile. Es el fin de un largo período de estabilidad democrática.
Ese día ocurrió el Golpe de Estado que derrocó[1] el gobierno de la *Unidad
Popular* encabezado por Salvador Allende. La victoria de la coalición elec-
toral de partidos políticos de izquierda de Chile, llamada *Unidad Popular*, [5]
en las elecciones presidenciales de 1970 permitió el acceso al poder de la
izquierda. Este sector político buscaba construir un Chile más igualitario.
Esta política chocó con los intereses de la clase alta chilena, que tenía
su fortuna[2] en empresas y sectores de la economía que empezaron a ser
nacionalizados por el gobierno de Allende. Los intereses de empresas ext- [10]
ranjeras también se vieron afectados. Estos sectores comprendieron que
el gobierno de Allende buscaba atacar sus privilegios, por lo que desató
un *boicot* económico que detuvo la economía, provocando desabasteci-
mientos[3] de recursos básicos y una alta inflación.

El conflicto entre dos posiciones políticas opositorias terminó final- [15]
mente en la organización de un golpe de Estado encabezado por la derecha
política, las fuerzas armadas, la oligarquía chilena y con apoyo de los
Estados Unidos, mediante la C.I.A. y su embajada en Chile. El bombardeo
del Palacio de La Moneda y la muerte de Salvador Allende marcan el inicio
de la dictadura militar. [20]

La dictadura fue encabezada por los comandantes de las Fuerzas Armadas y *carabineros*[4]. El general Augusto Pinochet y su junta militar gober-
naron el país hasta el año 1990. El primer objetivo del gobierno militar
fue desactivar la oposición. En sus oficinas pasaron cerca de 40.000 de
chilenos y chilenas torturados y en sus registros está la gran mayoría de [25]
los *detenidos desaparecidos*[5] *imputados*[6] al gobierno de Augusto Pinochet.

De forma complementaria a la represión política, la dictadura inició
un proceso de profundos cambios políticos. Hasta la actualidad los cambios institucionales y económicos tienen gran impacto en la sociedad
chilena. Para proteger estas nuevas políticas económicas a largo plazo, [30]
el gobierno militar creo una nueva Constitución Política. Así empezó la
privatización de la educación, del sistema de salud y de la jubilación. La
Constitución Política de 1980 sigue vigente hasta el día de hoy. Desde la
segunda mitad de los años 2000 se incendió un debate sobre una asamblea
constituyente para redactar una nueva constitución. En los últimos años [35]
surgieron varios movimientos sociales reclamando sobre los impactos
del modelo heredado de la dictadura. Como por ejemplo el movimiento
estudiantil que lucha para una educación pública, gratuita y de calidad o
el movimiento ›NO+AFP‹ (movimiento que surgió el año 2016 para exegir
una reforma del sistema de jubilación). [40]

Texto: Sebastián Henríquez & Nicole Schwabe

▶ M 2.3: Imágenes de la historia reciente de Chile

**Marcha a favor
de la Unidad Popular, 1972**

**Bombardeo del Palacio de La Moneda,
11.09.1973**

**›Dónde están?‹
Familiares de detenidos desaparecidos
manifestándose en la Dictadura.**

**Constitución Política
de 1980**

Fuente

www.80grados.net
/la-vispera-del-golpe-un-
puertorriqueno-en-
santiago-de-chile-julio-
agosto-de-1973/
(Zugriff: 04.04.2016)

www.ea.com.py
/wp-content/
uploads/2011/09/
200909100923-portada-
la-moneda-en-llamas.jpg
(Zugriff: 04.04.2016)

www.radio.uchile.cl
/2013/08/26/la-muerte-
lenta-de-los-desapareci-
dos-en-chile-nuevo-
libro-es-presentado-en-
sala-master
(Zugriff: 11.04.2016)

www.laprensaaustral.cl
/cronica/del-plebiscito-
del-80-la-escultural-
wendy-y-otras-yerbas-
parte-i/
(Zugriff: 10.10.2016)

**Opcional: Escucha/lee el testimonio de Miguel y resume brevemente con
un/a compañero/a ¿Qué le pasó a Miguel el 11 de septiembre 1973?**

▶ M 2.4: Trazos de Memoria: Testimonio de Miguel (cortometraje &
   transcripción)

Link para ver el cortometraje:
www.londres38.cl
/1934/w3-article-93130.html (*2:08–4:20 Min.)

**Die benötigten
Medien befinden
sich im Zusatz-
material.**

2.2.

La Unidad Popular

La Unidad Popular fue el gobierno presidido por el doctor Salvador Allende
que estuvo en el poder desde octubre de 1970 hasta el 11 de septiembre
de 1973. El gobierno de Allende buscó hacer una transformación socialista
de la sociedad chilena, a partir de las mismas instituciones democráticas
que lo habían llevado al poder.

**¿Qué imagen del presidente Salvador Allende transmiten estas fotos?
¿Por qué crees que era importante para la Unidad Popular transmitir
esta imagen de su presidente?**

▶ **M 2.5: El presidente Allende**

**Foto 1: Allende con la
banda presidencial**

Fuente: *www.memoriachilena.cl*

Fuente: *www.clate.org*

Foto 2: Allende da un discurso frente a trabajadores

▶ **M 2.6: Biografía de Salvador Allende**

1 Salvador Allende nació el 26 de junio de 1908 en Santiago de Chile. Estudió medicina en la Universidad de Chile, donde se graduó e inició una intensa vida pública vinculada al ejercicio de la medicina y la militancia política. Fue presidente del Centro de Estudiantes de Medicina y de la Federación
5 de Estudiantes de Chile.

En 1933 fue protagonista de la fundación del Partido Socialista de Chile, desde donde desarrolló sus ideas políticas y su visión crítica sobre las desigualdades sociales de su país. En 1939 es nombrado ministro de salud bajo el gobierno de centro izquierda de Pedro Aguirre Cerda. Allende fue
10 cuatro veces candidato a la Presidencia de la República, en las elecciones de 1952, 1958, 1964 y 1970. Durante este periodo su popularidad fue en permanente ascenso, al igual que sus votaciones.

En 1970 es elegido Presidente representando a la coalición de partidos de izquierda llamada >Unidad Popular<. Este conglomerado estaba
15 compuesto por diversos partidos políticos, siendo los más importantes el Partido Socialista (donde Allende militaba) y el Partido Comunista. La elección de Allende fue importante para la izquierda a nivel mundial, al ser el primer líder de Estado marxista que logró ser electo mediante una elección democrática. Este último hecho resume el pensamiento político
20 de Allende. El buscaba hacer una revolución, pero respetando las vías institucionales y democráticas de Chile.

A pesar de buscar generar cambios de forma institucional, el programa de gobierno de la >Unidad Popular< también buscó hacer transformaciones profundas. La nacionalización de la Gran Minería del Cobre en 1971,
25 la profundización de la reforma agraria, la creación de un área de propiedad social, la propuesta de nacionalizar los bancos y crear una nueva Constitución Política, provocaron una reacción violenta por parte de la derecha chilena, los militares y el gobierno de los Estados Unidos. Este enfrentamiento terminará con el Golpe de Estado del 11 de septiembre
30 1973 encabezado por las Fuerzas Armadas y el suicidio de Allende en el palacio de gobierno, al negarse a renunciar a su cargo. Mientras que durante la Dictadura Militar esta parte de la historia fue invisibilizada, hoy se encuentra una estatua en memoria a Salvador Allende en frente de la Moneda.
35 La memoria y el pensamiento político de Allende son recordados hasta el día de hoy por la izquierda a nivel mundial, así como también el trágico final de su vida y gobierno, que quedó grabado como uno de los hitos más trágicos de la historia de Chile y Latinoamérica.

Texto: Sebastián Henríquez & Nicole Schwabe

¿Cuál era la trayectoria política de Allende antes de llegar al poder en 1970? ¿Cuáles eran las ideas políticas de Allende?

. . . .

▶ M 2.7: Inti Illimani ›Canción del Poder Popular‹

El grupo Inti Illimani se fundó en 1967 en Chile como parte del movimiento músico-social Nueva Canción Chilena que tuvo un fuerte componente de canción de protesta. Diversos artistas chilenos de tendencia izquierdista, como los músicos de la corriente Nueva Canción Chilena, fueron perseguidos o asesinados en la dictadura. El golpe militar sorprende a Inti-Illimani en una gira por Europa y se les prohibió retornar a su país. Hasta 1988 vivieron en Italia, y apoyaron desde el exilio político a la lucha en contra de las violaciones de derechos humanos en la dictadura militar en Chile.

La ›Canción del poder popular‹ aparece en el disco ›Canto al programa‹ de 1970. Este disco estaba pensado para difundir las ideas del gobierno de la Unidad Popular en la campaña presidencial de 1970.

. . . .

›Canción del poder popular‹ de Inti Illimani

Si nuestra tierra nos pide
tenemos que ser nosotros
los que levantemos Chile,
así es que a poner el hombro.

Vamos a llevar las riendas
de todos nuestros asuntos
y que de una vez entiendan
hombre y mujer todos juntos.

Porque esta vez no se trata
de cambiar un presidente,
será el pueblo quien construya
un Chile bien diferente. (x2)

Todos vénganse a juntar,
tenemos la puerta abierta,
y la Unidad Popular
es para todo el que quiera.

Echaremos fuera al yanqui
y su lenguaje siniestro.
Con la Unidad Popular
ahora somos gobierno.
Porque esta vez no se trata ...

La patria se verá grande
con su tierra liberada,
porque tenemos la llave
ahora la cosa marcha.

Ya nadie puede quitarnos
el derecho de ser libres
y como seres humanos
podremos vivir en Chile.
Porque esta vez no se trata ...

Fuente
Encuentran la canción del poder popular en la siguiente dirección:
www.youtube.com
/watch?v=CZAmdsweux0

. . . .

¿Con qué objetivo se grabó esta canción?
¿Qué transmite la canción sobre las ideas políticas del gobierno de la Unidad Popular?
¿Por qué la canción afirma ›que esta vez no se trata de cambiar un presidente‹?

. . . .

2.3.

Dictadura y violaciones de Derechos Humanos

Primera parte:
Facetas de la dictadura de Pinochet

Lee el material de cada estación y responde a la preguntas correspondietes.

Anota la información más importante de cada estación en una línea de tiempo.

Discutid al final las siguientes preguntas:
- ¿Qué os llama la atención de la dictadura militar en Chile?
- ¿Cuáles son las características principales de la dictadura militar?

▶ **M 2.8: ›Aprender en estaciones‹**
Los materiales muestran un mosaico de distintas facetas de la dictadura militar y tematizan tanto los efectos inmediatos como los impactos a largo plazo en la sociedad chilena.

Material 1: Trazos de Memoria
Material 2: Informe Rettig y Valech
Material 3: Censura en la dictadura
Material 4: La constitución de 1980
Material 5: Reformas económicas
Material 6: Resistencia: Las jornadas de protesta nacional de 1983
Material 7: Plebiscito de 1988
Material 8: El pacto de la transición

Die benötigten Medien befinden sich im Zusatzmaterial.

Segunda parte:
Mujeres en la Dictadura

Interpreta: ¿Qué quieren expresar las mujeres con esta forma de protestar?

▶ **M 2.9: Foto ›La cueca sola‹**

›La cueca sola‹:
Es una creación del arte folclórico de mujeres en búsqueda de sus familiares detenidos desaparecidos durante la dictadura de Pinochet, la cual recordaba la ausencia del ser amado en la interpretación de la Cueca, el baile nacional chileno, el cual se baila tradicionalmente de dos personas.

Fuente
www.archivo-museodelamemoria.cl

**Elige una de las mujeres descritas y busca informaciones sobre su vida.
Elabora una breve biografía donde se incorpore lo siguiente:**
- Carrera política
- Principales obras
- Aportes para la construcción de la democracia

▶ **M 2.10: Mujeres marcadas por la Dictadura Militar**

Fuente: *www.elmostrador.cl*

Ana González, histórica dirigenta
de la Agrupación de Familiares
de Detenidos Desaparecidos. Con
su lema ¿Dónde están? trajo
a la memoria heridas abiertas de
la historia de Chile.

Fuente: *www.publimetro.cl*

Lorena Pizarro, actual dirigenta de
la Agrupación de Familiares de
Detenidos Desaparecidos, quienes
aún exigen juicio a los crimina-
les de derechos humanos en Chile
durante la dictadura cívico militar.

Fuente: *www.eldesconcierto.cl*

Carmen Hertz, abogada de Derechos
Humanos en Chile. En medio de
un clima de impunidad su voz se
alza con fuerza para enjuiciar a
los militares que participaron de
los crímenes de la Dictadura
cívico militar.

2.4.

Memoria Histórica

Lee el texto y resume cómo se desarrolló el debate sobre memoria colectiva de la Dictadura y las violaciones de los Derechos Humanos en Chile.

Discute con tus compañeros/as del curso qué funciones cumple la memoria para la sociedad chilena. ¿Qué otras funciones de las que menciona Stern pueden identificar en base de lo aprendido sobre Chile y su historia?

▶ **M 2.11: Memoria y política en Chile. Entrevista con Steve J. Stern. Primer extracto**

Steve J. Stern es profesor de la Universidad de Wisconsin-Madison, Estados Unidos. Investiga sobre memoria en América Latina y ha trabajado el caso de la dictadura en Chile. En la entrevista reflexiona sobre el rol que cumple la memoria en la reconstrucción de una sociedad.

En términos político-sociales, ¿cuál es el rol que cumple la memoria en la reconstrucción de una sociedad?

1 Steve J. Stern: Yo creo que una manera de plantearlo es preguntándose por qué el tema de la memoria empieza, a comienzos de los 90, a tener tanto impacto. [...] Llegando a los 90, hay que tener comisiones de verdad. [...]. Obviamente, algo cambió. Y yo creo que, en el caso de la memoria política,
5 los regímenes de terror de Estado, usaban como parte de su método de legitimación una gran negación, y se empezó a formar una lucha contra esa negación. Entonces, llegó el momento en que surgió la pugna para definir cuáles fueron los hechos que pasaron en el país y cómo interpretar el sentido de esos hechos.
10 En Chile eso es muy evidente. Ya en los 70 tienes una memoria salvadora que plantea el gobierno [militar] para justificar una indiferencia frente a las violaciones de derechos humanos. Una negación para decir que no importa tanto, que pasa de vez en cuando algún exceso, pero que se trata de un pequeño problema, nada sistemático y el resto son men-
15 tiras que otros inventan en el exterior. Pero frente a eso, hay memorias disidentes, alternativas, que empiezan a surgir, insistiendo en que, al contrario, hay violación masiva para destruir física y sicológicamente a las personas. No solamente las desapariciones, ya que era una época en que no se sabía si se trataba de desapariciones permanentes o no.
20 Se sabía que eran detenciones, tipos de secuestros que quedaban en el misterio, finalmente. Una persona desaparece, pero por varios años los demás piensan que puede estar viva y persisten en su búsqueda. Además, hay ejecuciones y un proceso masivo de meter presas a las personas. [...] Entonces, hay memorias que surgen para decir »al contrario, hay heridas
25 abiertas de cosas negadas«.
Pero todavía no lo llaman ›memoria‹. Sencillamente es una disputa sobre cuáles son los hechos y cuál es el sentido de esos hechos.
Cuando empieza a surgir en Chile la idea de memoria como un valor sagrado, como una consigna, como algo que es importante, recién llega
30 a tener peso cultural a principios de los 80. Y es porque existe un nuevo contexto para el planteamiento alternativo sobre los derechos humanos, una especie de respuesta o replanteamiento oficial a las demandas planteadas durante años desde el Comité Pro Paz, la Vicaría de la Solidaridad, la Agrupación de Familiares de Detenidos Desaparecidos y los otros grupos
35 que van creando conciencia y solidarizando con el tema de los derechos humanos. [...]

Fuente Ely Orrego Torres
y Gonzalo Zúñiga. El
desafío de la memoria
en la historia de Chile y
América Latina: Entre-
vista a Steve J. Stern. En:
Dossier: ›40 años des-
pués. Memoria del
Golpe‹. Revista Pléyade.
N°11 Enero-Junio 2013,
117–132.

Así, la lucha sobre qué es lo que pasó empieza a ser una lucha para parar un olvido. Empiezan a surgir las palabras ›olvido‹ y ›memoria‹ con más peso, para decir que no van a desaparecer de nuestra conciencia y que hay un proyecto de no olvidar. 40

[...] En ese contexto, de una transición democrática, el rol que cumple la memoria en la reconstrucción es que permite crear un contraste entre democracia y dictadura, porque ahora hay una lucha y una herencia de hechos negados que se definen como un problema de derechos humanos y también de memoria. Y para demostrar que estamos en otro camino, 45 que vamos a refundarnos sobre otro tipo de bases y principios, un nuevo gobierno tiene que enfrentar de alguna manera el tema de la memoria.

La Muerte de Pinochet

**El 2016 se cumplieron 10 años desde la muerte de la figura más emb-
lemática de la Dictadura Militar, el General Augusto Pinochet. Lee el
texto de introducción sobre la muerte de Pinochet y conoce después las
opiniones de conocidos chilenos y chilenas sobre su figura.**

**Elige una de las citas que te llama la atención y evalúa con tus compa-
ñeros/as de curso ¿cómo enfrentan las personas el pasado y la figura de
Augusto Pinochet?**

▶ **M 2.12: La Muerte de Pinochet**

Augusto Pinochet muere el día 10 de diciembre de 2006 luego de estar siete días en el Hospital Militar de Santiago. Hasta su muerte el ex dictador vivió en la impunidad. En el año 1998 fue puesto en arresto domiciliario durante una visita en Londres. El juez Baltasar Garzón de la *Audiencia Nacional de España* le acusó por los delitos de terrorismo internacional, *genocidio*, tor-turas y desapariciones de personas durante la dictadura militar en Chile. El arresto de Pinochet fue un evento de interés internacional, pero el intento de un juicio internacional para el dictador falló finalmente en el año 2000. Por su estado de salud el Gobierno británico decidió que no estaba en condi-ciones de ser juzgado y permitió su regreso a Chile.

La figura de Pinochet representa no solamente los crímenes de la dicta-dura sino también la impunidad de los violadores de Derechos Humanos. Es importante tener claro, que la figura de Pinochet seguía siendo protagonista de la política chilena, ya que, al dejar su cargo en el Ejército, fue *senador vita-licio.*

Una vez que se hizo conocida la muerte del ex dictador, Chile experi-mentó una espontánea *polarización*, entre los que lloraban y otros que cele-braban su muerte. Su cadáver fue velado en la Escuela Militar de Santiago, recibiendo honores en su calidad de General del Ejército, pero no como ex Presidente de la República. El gobierno de Michelle Bachelet negó la posibili-dad de un funeral de Estado para el ex dictador.

Senador vitalicio: cargo creado por la Constitución de 1980 que le permitía a los ex presidentes que hubiesen tenido periodos de más de 5 años, ser senadores hasta su muerte.

Polarización: es el proceso por el cual la opinión pública se divide en dos extremos opuestos.

Lo que los chilenos
piensan de Pinochet

▶ **M 2.13: Opiniones sobre Pinochet**

Alejandra Bravo, presidenta PRI

»Al igual que Fidel y Maduro, Pinochet fue un dictador. En su régimen se violaron sistemáticamente los DD.HH. Sin embargo, la derecha política desde Jarpa en adelante contribuyeron con la recuperación de nuestra democracia. Así por ejemplo, celebramos el acuerdo nacional de 1985 que es el inicio de la transición coronada con el triunfo de Aylwin, y posteriorente, la gran política de los acuerdos que nos permitió alcanzar altos niveles de desarrollo, hoy perjudicada por la izquierda irresponsable de la retroexcavadora. Lo que se aprende de su historia, es que nunca más en Chile, podemos sacrificar la democracia, la vida y los DD.HH., que para nosotros como PRI, son irrenunciables siempre. Por tanto, Pinochet es el pasado. Sin embargo, la izquierda cada vez que está debilitada, lo resucita.«

Maria José Viera-Gallo, escritora

»Antes de odiarlo, le tuve miedo. Pinochet fue el primer monstruo de mi infancia. Conocí desde temprana edad la naturaleza de sus poderes maléficos y mientras cantaba la Internacional socialista junto a los exiliados amigos, me preguntaba si algún día se volvería bueno y nos dejaría regresar a ese jardín floreado del cual nos había expulsado. Ya encarnado en la figura real de dictador fascista, deseé que un tribunal lo juzgara en la plaza pública. No ocurrió. Es una lástima que no tenga una tumba como la de Franco como para ir a escupirle cuando una anda enojada.«

Die benötigten Medien befinden sich im Zusatzmaterial.

Fuente
www.Latercera.com

Intentad vincular las posiciones que conocieron en el ejercicio anterior con lo que Steve Stern reflexiona desde sus investigaciones sobre la memoria histórica de la Dictadura.

▶ **M 2.14: Memoria y política en Chile. Entrevista con Steve J. Stern. Segundo extracto**

¿Cuál podría ser el rol que juegan ciertas figuras de la historia de Chile, como la de Pinochet o Allende, en la situación de movilización y demandas sociales actuales? De acuerdo a sus investigaciones, ¿sigue existiendo esta brecha entre izquierda y derecha en la construcción de la historia para las nuevas generaciones?

1 Steve Stern: Yo creo que Pinochet y Allende –y quizás este comentario será controversial, pero no importa– son mitos y símbolos, más que personas reales. No quiero decir que no existan afectos muy fuertes hacia ellos como personas desde distintos sectores, especialmente hacia
5 Allende. Porque la consecuencia de Allende, cómo terminó, leal a sus principios, es impactante y sigue convocando mucho afecto, lo cual tiene que ver con la persona real de Allende, más que con el mito de su persona.

En contraste, en el caso de Pinochet es más complicado para la derecha, porque quedó expuesto como un ladrón y un mafioso. El mito
10 de Pinochet antes era el mito del ›salvador‹ de la patria, que era austero y que no quería ser un dictador, alguien que se autosacrificaba para salvar al país, pero cuando empiezan a surgir los escándalos del Banco Riggs queda expuesto más como un mafioso que como un héroe. Cuando esto sucede, ocurren dos cosas: por una parte, el mundo pinochetista
15 se va achicando, principalmente el pinochetismo leal duro y afectivo. Al inicio de la transición democrática, en el plebiscito del 88, él cuenta con el apoyo de más de dos de cada cinco personas, es decir, el 43 % de los chilenos había votado por el Sí. Entonces, además de los más ricos y poderosos que votaron por él, hay otras personas que le apoyan. Pero
20 llegando al periodo post Riggs –en realidad otro momento en una experiencia acumulativa, el caso de Londres en el 98 y los varios procesos del juez Guzmán, además de los escándalos de dinero y corrupción– su imagen se transforma en la de un ›mafioso‹ y los sondeos muestran

que solo un 16 % de la población sigue siendo leal a él. Hay una pérdida
enorme. Un efecto es que el pinochetismo duro se reduce a una minoría. 25

Otro efecto es que se crea una separación en la derecha entre lo que
es la persona de Pinochet y la obra del gobierno militar. Esto resignifica
la frase ›gobierno militar‹, que desde entonces quiere decir que ›hemos
hecho cosas buenas para Chile, pero es verdad que tenemos este problema que se llama Augusto Pinochet y hay una relación complicada con 30
él‹. Entonces, puede ser, porque la historia está llena de cambios, que
llega un momento en que algunos tratan de reunificar de manera fuerte y
agresiva a la persona de Pinochet con su gobierno. Sin embargo, muchos
en la derecha van a seguir queriendo mantener a los derechos humanos
y Pinochet por un lado y a las obras de su gobierno, por el otro. Es muy 35
complicado para ellos unificarlo, porque hay un rechazo a la persona de
Pinochet muy fuerte y una sensibilización con el tema de los derechos
humanos. Existe una relación muy complicada con el mito simbólico que
es Pinochet.

Fuente Ely Orrego Torres
y Gonzalo Zúñiga. El
desafío de la memoriaen
la historia de Chile y
América Latina:
Entrevista a Steve J. Stern.
En: Dossier: ›40 años
después. Memoria del
Golpe‹. Revista Pléyade.
N°11 Enero-Junio 2013,
117–132.

**No solamente en Chile hay una gran controversia como se debe de
tratar la memoria histórica y la herencia de la dictadura. Elije una de
las tres tareas y redacta un texto para un blog.**

a) De acuerdo a lo que sabes de la situación en Alemania; ¿piensas que
   ha sido/es diferente aquí, por ejemplo, relacionado con el pasado
   Nazi? Investiga y justifica tu posición.

b) El Estado Chileno ha actuado muy cauteloso en cuanto a tratar los
   crímenes cometidos durante los años de la dictadura y enjuiciar a los
   responsables. Juzga esta actitud. ¿Recomendarías otro trato? ¿Cuál?

c) ¿Cómo crees que se debería recordar la dictadura? ¿Crees que la
   memoria histórica pueda ayudar a fortalecer la democracia? Expón
   tus ideas.

LA EDUCACIÓN DE PINOCHET

Dieses Kapitel thematisiert eines der zentralen Konflitkfelder der heutigen chilenischen Gesellschaft, die Auseinandersetzungen um Reformen im Bildungssektor. Mit dem Aufkommen massiver Proteste von Schüler_innen und Studierenden, die im Jahr 2011 weltweit für Aufmerksamkeit sorgten, wird der Mythos des ökonomischen ›Wunders von Chile‹ und die Fassade des neoliberalen Vorzeigeprojektes endgültig eingerissen. Dabei wird ein Konflikt sichtbar, der seit Jahren im Innersten der chilenischen Gesellschaft angelegt war. Das Jahr 2011 stellt in der jüngsten chilenischen Geschichte deshalb eine Zäsur dar. Es kommt zu den größten Demonstrationen seit dem Ende der Diktatur. Zahlreiche Universitäten und Schulen werden oft monatelang besetzt. Die Bewegung besteht aus Universitätsstudierenden wie auch Sekundarschüler_innen und erhält einen starken Rückhalt in der Bevölkerung. Sie schafft es, die Debatte über das aus der Militärdiktatur geerbte Bildungssystem zu einem zentralen Thema der nationalen Politik zu machen. Zudem verbinden die Jugendlichen die Kritik am undemokratischen Charakter des Bildungssystems in Chile mit einer Kritik am politischen System des Landes. Zentral ist die Forderung, Bildung als ein soziales Recht anzuerkennen. Das bestehende chilenische Bildungssystem ist das Produkt einer durch die Militärregierung eingeleiteten marktorientierten Transformation, die nicht nur den Wirtschaftssektor, sondern auch den Wohlfahrtsstaat betrifft. Ein elementarer Bestandteil dieser Transformation ist eben die Reform des chilenischen Bildungssystems im Jahr 1981. Noch am letzten Tag der Regierung Augusto Pinochets wurde ein Bildungsgesetz erlassen (LOCE), das Umstrukturierungen des Bildungssektors verhindern sollte. Nach den Studierendenprotesten des Jahres 2006 wurde dieses Gesetz zwar geändert, jedoch durch ein weitgehend deckungsgleiches Gesetz ersetzt. Der Weg in die Demokratie wurde auf diese Weise stark von der Militärregierung gelenkt. Die Schüler_innen und Studierenden, die im Jahr 2011 protestieren, machen immer wieder klar, dass es ihnen um die Abschaffung des Erbes der Diktatur geht. Auf diese Weise sind die Studierendenproteste eng mit dem Thema der Erinnerungspolitik verbunden.

Überblick über die einzelnen Unterrichtseinheiten

3.1. El movimiento estudiantil (90 Min.)
Ausgehend vom Höhepunkt der Proteste von Schüler_innen und Studierenden im Jahr 2011 nähern sich die SuS dem Konflikt um das Thema Bildung in Chile an und eignen sich ein erstes Grundlagenwissen zum Thema Studierendenbewegung und Bildungskonflikt an.

3.2. ¡¿La educación es un derecho?! (90 Min.)
SuS erfahren, dass in der Menschenrechtserklärung der Vereinten Nationen ein Artikel zum Recht auf Bildung enthalten ist und setzten sich mit der Debatte um das Recht auf Bildung am Beispiel Chiles auseinander.

3.3. El conflicto por la educación. ¿Una herencia de la dictadura? (135 Min.)
Die SuS setzen sich mit der Entstehung der Protestbewegung und den Forderungen der Schüler_innen und Studierenden auseinander. Dabei erfahren sie am Beispiel Bildung etwas über die Konflikthaftigkeit der postdiktatorialen gesellschaftlichen Ordnung.

Übersichtstabellen zur Unterrichtsplanung

3.1. El movimiento estudiantil (90 Min.)

Ziele: Ausgehend vom Höhepunkt der Schüler- und Studierenden-
proteste im Jahr 2011 nähern sich die SuS dem Konflikt um das Thema
Bildung in Chile an und eignen sich ein erstes Grundlagenwissen zum
Thema Studierendenbewegung und Bildungskonflikt an.

Fachspezifische Kompetenzbereiche: Hörsehverständnis, Sprechen,
Leseverstehen, Texte verstehen, soziokulturelles Orientierungswissen zu
gegenwärtigen gesellschaftlichen Diskussionen.

Kompetenzbereiche des Globalen Lernens: Wissenserwerb, Perspektivenwechsel, *Optional:* Informationsbeschaffung und -verarbeitung.

Wesentliche Aspekte des Interaktionsgeschehens	Medien	Anforderungsbereiche / Operatoren
Stundeneinstieg über Bildbeschreibung Das Foto zeigt eine leere Straße nach einem Studierendenprotest in Santiago und dem Einsatz von Wasserwerfen von Seiten der Polizei. Es ist nur noch der Wasserwerfer und die nasse Straße zu sehen. Die Farbbomben auf dem Wasserwerfer lassen auf eine Auseinandersetzung zwischen Polizei und Studierenden bzw. Schüler_innen schließen. Die Gegenüberstellung Farbbomben / Wasserwerfer könnte als Symbol für ein Machtungleichgewicht interpretiert werden. Die Farben drücken eine gewisse Fröhlichkeit aus, während der Wasserwerfer eher angsteinflößend wirkt. Sicherlich gibt es aber auch andere Eindrücke zum Bild. Das Bild vermittelt den Schüler_innen sicherlich einen Eindruck von der Radikalität des Konfliktes um Bildung und weckt Interesse zu verstehen, was dahintersteckt.	**M 3.1:** Foto ›vehículo lanza-agua‹	I (describir) II (imaginarse)
Problemorientierte Heranführung an den Gegenstand der Unterrichtseinheit durch gemeinsames Sehen einer Nachrichtensendung über die Studierendenproteste im Jahr 2011. Kurze Orientierung durch die Lehrperson. Worum geht es in der Einheit? → Proteste von Studierenden und Schüler_innen in Chile, die im Jahr 2011 ihren Höhepunkt hatten. Weltweit wird in den Nachrichten über diese Proteste berichtet. Der Ausschnitt der Nachrichtensendung des Fernsehsenders TeleSUR wird ein- bis zwei-mal gemeinsam angesehen. Die SuS machen sich dabei Notizen zu Leitfragen, die danach im Unterrichtsgespräch oder in Partnerarbeit besprochen werden können. **Empfehlung:* Video nur bis 00:50 Min. bearbeiten. Wichtige Schlüsselbegriffe wie ›movilización‹, ›los estudiantes defienden una educación para todos‹, ›rechazan la privatización/el lucro‹, ›hay incidentes/marchas‹, ›vemos tomas de colegios‹ könnten ggf. an der Tafel notiert werden.	**M 3.2:** Video (ZM) TeleSur. Noticias del 14.07.2011 ›Enfrentamientos en la mega marcha de estudiantes en Chile‹, URL: *www.videos.telesurtv.net* */video/41933/enfrentamientos-en-la-mega-marcha-de-estudiantes-en-chile* (Zugriff: 08.12.2015).	I (resumir)
Der Sachtext ›El movimiento estudiantil del 2011. La primavera chilena‹ kontextualisiert die Nachrichtensendung und leitet über in eine vertiefende Auseinandersetzung mit der chilenischen Studierendenbewegung. Die SuS erhalten Leitfragen und formulieren auf der Basis des Textes eigene Fragen, die im Austausch von anderen SuS in Partnerarbeit zu beantworten sind.	**M 3.3:** Text ›La primavera chilena‹	I (resumir) II (imaginarse)
Sicherung: Kreative Schreibaufgabe zur Nachrichtensendung und zum Einführungstext.		
Optional: In dieser Einheit könnten die Schüler_innen eine eigenständige Recherche im Internet anstellen und sich über die Studierendenbewegung von 2011 und deren Hintergründe infor-mieren. Zur Orientierung steht ihnen dazu die Liste mit Recherchehinweisen zur Verfügung.	**M 3.4:** Linkliste ›Recherchetipps‹ (ZM)	

3.2. ¡¿La educación es un derecho?! (90 Min.)

Ziele: SuS erfahren, dass in der Menschenrechtserklärung ein Artikel zum Menschenrecht auf Bildung enthalten ist und setzten sich mit der Debatte um das Recht auf Bildung am Beispiel Chiles auseinander.

Fachspezifische Kompetenzbereiche: Texte verfassen, sozio-kulturelles Orientierungswissen zu gegenwärtigen politischen Diskussionen, interkulturelles Verstehen und Handeln

Kompetenzbereiche des Globalen Lernens: Wissen- und Wissenserwerb, Perspektivenwechsel, Werten und Bewerten, Umgang mit Komlexität und Ungewissheit

Wesentliche Aspekte des Interaktionsgeschehens	Medien	Anforderungsbereiche / Operatoren
Die LP erläutert, dass es in den Menschenrechten einen Artikel zum Recht auf Bildung gibt. Die SuS äußern Vermutungen, was ein solcher Artikel beinhalten könnte und formulieren eine eigene Version dieses Rechts. *Resume en tus propias palabras lo que debería de implicar el derecho humano a la educación.* Anschließend wird im Plenum laut der Artikel 26 der Universellen Menschenrechtserklärung, der das Recht auf Bildung beinhaltet, vorgelesen. Die SuS vergleichen diesen mit ihren eigenen Texten. An der Tafel können dazu Stichworte notiert werden. *Lee ahora el artículo 26 de la Declaración Universal de Derechos Humanos de las Naciones Unidas. Compara con tu definición lo que debe de implicar el derecho a la educación. ¿En qué están de acuerdo? ¿Dónde hay diferencias?*	**M 3.5:** Text ›Art. 26 – Declaración Universal de Derechos Humanos‹	I (resumir)
SuS analysieren die OECD Grafik zur Verteilung öffentlicher und privater Ausgaben für Bildungsinstitutionen und bewerten die daraus gewonnenen Informationen zu Chile vor dem Hintergrund des Art. 26.	**M 3.6:** Gráfico OCDE	III (evaluar)
Eine zentrale Forderung der Studierendenproteste ist es, Bildung als soziales Recht anzuerkennen und durch öffgentliche Mittel zu finanzieren. Die Forderung einer kostenfreien Bildung richtet sich gegen die Verlagerung der Kosten des Bildungssystems auf die Familien, also gegen die extrem hohen Schulgelder und Studiengebühren. Durch die Materialien befassen sich die SuS mit der Kontroverse, die dieses Forderungen hervorriefen und positionieren sich in der Frage, wie Bildung finanziert werden sollte.	**M.3.7:** ¿Educación gratuita?	III (evaluar)

3.3. El conflicto por la educación. ¿Una herencia de la dictadura? (135 Min.)

Ziele: Die Studierendenproteste sind nicht nur ein aktuelles Phänomen der chilenischen Gesellschaft. Sie sind auch Ausdruck der Konflikthaftigkeit der postdiktatorialen gesellschaftlichen Ordnung. Die SuS setzen sich mit der Entstehung der Protestbewegung und den Forderungen der Schüler_innen und Studierenden auseinander.

Fachspezifische Kompetenzbereiche: Hör- und Leseverständnis, sozio-kulturelles Orientierungswissen zu gegenwärtigen politischen sowie historischen Diskussionen, interkulturelles Verstehen und Handeln, Verfassen expositorischer Texte.

Kompetenzbereiche des Globalen Lernens: sozio-kultureller Perspektivenwechsel, zu gesellschaftlichen Engagement bereit sein

Wesentliche Aspekte des Interaktionsgeschehens	Medien	Anforderungsbereiche / Operatoren
Hörverstehensübung: Interviews mit Jugendlichen, die an den Protesten von 2011 beteiligt gewesen sind. Die Materialien können beliebig arbeitsteilig (in zwei Gruppen) ausgegeben oder nacheinander behandelt werden. Die SuS hören die Interviews an und beantworten dazu Fragen. Zum besseren Verständnis kann der Interviewtext mit ausgegeben werden.	*M 3.8.* und *M 3.9:* Audiodateien (ZM) mit Interviews + Transkript	I (resumir) III (evaluar)
Zur Verarbeitung der Informationen des Kapitels verfassen die SuS anschließend einen Zeitungsartikel über die Studierendenproteste: Escribe un artículo para un periódico sobre el movimiento *estudiantil en Chile. Intenta resumir lo que aprendiste sobre el movimiento estudiantil para personas que no saben mucho (o nada) sobre Chile. El artículo debería explicar:* 1. *¿Qué es el movimiento estudiantil y cómo surgió?* 2. *¿Cuáles son las demandas del movimiento estudiantil?* 3. *¿Qué relación tiene el actual conflicto por la educación con la dictadura militar en Chile?*		
Im Unterrichtsgespräch werden anschließend einzelne Artikel vorgelesen oder die Artikel in der Klasse ausgetauscht. Die SuS geben sich ein gegenseitiges Feedback zur Schreibaufgabe.		
Die abschließende Diskussion und Urteilsbildung dient dazu, die Verbindung zwischen den aktuellen gesellschaftlichen Konflikten und der im vorherigen Kapitel thematisierten Vergangenheitsbewältigung darzulegen. Die SuS erhalten dazu einen weiteren Ausschnitt aus dem Interview mit Steve Stern, analysieren seine Position zur Beziehung zwischen der Vergangenheitsbewältigung und den Forderungen der sozialen Bewegungen. Anschließend nehmen sie begründet Stellung zu dieser weiterhin sehr aktuellen Debatte innerhalb der chilenischen Gesellschaft.	*M 3.10:* Entrevista Steve Stern	II (examinar) III (opinar)

3.1.

El movimiento estudiantil

Describid lo que veis en la foto.
* ¿Qué impresión os da? ¿Qué os transmite la imagen?
* ¿Os podéis imaginar lo que ha pasado?

▶ **M 3.1: Santiago de Chile, 14 de julio de 2011**

Foto: Matías Cifuentes

▶ **M 3.2: Noticias del 14 de julio de 2011: TeleSur. ›Enfrentamientos en la
mega marcha de estudiantes en Chile‹**

**Resume el contenido de las noticias y describe lo que ves en las
imágenes: ¿Qué estaba pasando en Chile en el año 2011?**
* ¿Qué problemas puedes identificar?
* ¿Qué reclaman los manifestantes?

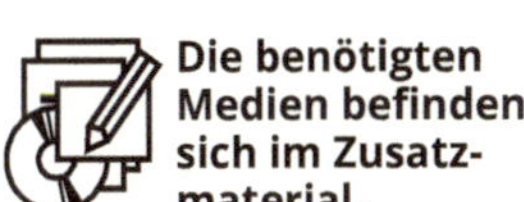
**Die benötigten
Medien befinden
sich im Zusatz-
material.**

El movimiento estudiantil del 2011.
La primavera chilena

1. **Lee el texto de introducción sobre el movimiento estudiantil y marca
las informaciones importantes. ¿A qué se refiere el título del texto
›La primavera chilena‹?**
2. **Prepara tres preguntas sobre el texto. Después intercambia tus
preguntas con un/a compañero/a del curso y responde a las
preguntas que él/ella formuló.**
3. **Imagina que es el año 2011 y tú estás de intercambio en un colegio
chileno. Escribe un correo electrónico a un amigo/una amiga en
Alemania y cuéntale lo que está pasando en este momento. Intenta
explicar por qué los estudiantes se están movilizando.**

▶ **M 3.3: ›La primavera chilena‹**

La explosión de la violencia en el contexto de la marcha por la educa- [1]
ción del 14 de julio es un fragmento de las movilizaciones estudiantiles
chilenas del año 2011. Los antecedentes ilustran la intensidad del movimiento estudiantil: son las movilizaciones más grandes en Chile desde
la dictadura. Cientos de universidades y colegios estuvieron ocupados [5]
por meses (ver gráfico 1: ›Colegios en toma[1]‹). Los estudiantes chilenos
se hicieron conocidos en todo el mundo al transmitir otra imágen de
Chile. Antes Chile era conocido como el país modelo en Latinoamérica
en lo que respecta a establidad política y el desarrollo económico. Con
las movilizaciones del año 2011 se rompe el mito del ›milagro de Chile‹[2] [10]
y se muestra un conflicto, cuyo punto de partida es la dictadura militar (1973–1990). El año 2011 marcó sin duda un antes y después en la
historia chilena.

El movimiento estudiantil está compuesto por estudiantes secundarios
y universitarios[3], y cuenta con el apoyo de amplios sectores de la pobla- [15]
ción. A pesar de ser el movimiento social más grande desde el regreso a
la democracia, este no representa la primera movilización estudiantil, por
el contrario, las manifestaciones del 2011 representan la *cúspide*[4] de un
proceso que se inició en el 2000. Se trata de una generación de jóvenes
que nació en la época de *transición a la democracia*[5]. Es una generación [20]
que siente que la llamada democracia chilena tiene considerables déficits,
lo cual se refleja en la autodefinición: *›No somos hijos de la democracia,
sino nietos de la dictadura‹.*

A través de su protesta los estudiantes lograron hacer de la educación
un tema central de la política nacional del país. Hoy en día una gran parte [25]
de la población está convencida de que la educación pública, gratuita y
de calidad para todos los chilenos y chilenas es una necesidad. La crítica
de los estudiantes con respecto al sistema educativo debe ser entendida
por ende como una crítica al sistema político de su país.

»Y va caer, y va caer, la Educación de Pinochet« [30]

El sistema educativo que critican los jóvenes tiene su fundamento en
la dictadura. El terror de la dictadura va mano a mano con cambios profundos en el sistema político que influyen en casi todos los ámbitos de
la vida. El gobierno militar fue asesorado[6] en este proceso por un grupo
de economistas de la Universidad de Chicago (EE.UU.) llamados los ›Chi- [35]
cago Boys‹, quienes promovían una corriente económica más conocida
como *neoliberalismo*. El objetivo central de la política neoliberal es que el
mercado desplace el Estado como órgano regulador y gestor no solo de
oferta y demanda, sino también de la política pública, tanto económica
como social. La re-orientación de la política en base a este objetivo trajo [40]
como consecuencia una refundación del sistema de educación. En primer
lugar y siguiendo la lógica neoliberal del *mercado libre*, el gobierno militar
promulgó leyes que facilitaron a actores privados convertir a la educa-

1 colegios en toma =
von den eigenen
Schüler_innen
besetzte Schulen

2 La expresión fue
acuñada por Milton
Friedman, economista
estadounidense
que apoyó el Dicta
dor chileno Augusto
Pinochet (1973–1990)
en sus reformas de
liberalización econó-
mica. La expresión se
refiere a la ›extra-
ordinaria recupera-
ción económica‹ del
país en la dictadura
militar. Mientras que
el mytos del milagro
de Chile desconoce
la desigualdad social
que podujó este
modelo económico
›exitoso‹.

3 estudiantes
secundarios =
Schüler_innen;
estudiantes
universitarios =
Studierende

4 cúspide = culmina-
ción, cima

5 transición a la
democracia =
Übergang zur
Demokratie

6 asesorar = aconsejar

7 pruebas comparativas
= zentral gestellte
vergleichende
Prüfungen zum Ver-
gleich der Leistungen

ción en un negocio. En segundo lugar, la privatización de la educación
45 y la reducción del financiamiento estatal para colegios y universidades
representó una carga financiera importante para los estudiantes y sus
familias, quienes se vieron en la necesidad de adquirir créditos para
financiar la educación. Esta evolución no solo demostró ser negativa en
cuanto al derecho universal de acceso a la educación, sino que los resul-
50 tados de *pruebas comparativas*[7] (como PISA) demostraron que el nivel de
la educación recibida por los estudiantes era de muy mala calidad.

En 1990, tras 17 años de dictadura, el gobierno militar permite por
primera vez la realización de elecciones y entrega finalmente el poder
al político socialcristiano Patricio Aylwin, no sin antes consolidar su
55 posición y sus intereses con miras al futuro. Un claro ejemplo de esto
es la redacción de una constitución que fue creada en la dictadura para
seguir vigente en democracia. Los cambios del sistema educativo en este
período marcan el desarrollo del país hasta hoy día. En consecuencia,
uno de los gritos más frequentes en las marchas estudiantiles del 2011
60 ha sido justamente »*Y va caer, y va caer, la Educación de Pinochet*«. Con
este grito los estudiantes hacen visible la herencia de la dictadura militar, pese a que han transcurrido más de veinte años desde que el país
regresó a la democracia.

Texto: Nicole Schwabe

COLEGIOS EN TOMA	
fecha	cantidad
6 de junio	3
7 de junio	5
9 de junio	26
10 de junio	40
13 de junio	ca. 100
25 de junio	ca. 600

**Gráfico 1:
Colegios en toma**

es.wikipedia.org/wikiMovilizaci%
C3%B3n_estudiantil_en_Chile_de_2011

Foto: Nicole Schwabe

Toma de un colegio en Santiago de Chile

▶ **M 3.4: Páginas recomendadas para buscar más información sobre el
movimiento estudiantil chileno en el internet**

**Die benötigten
Medien befinden
sich im Zusatz-
material.**

3.2.

¡¿La educación es un derecho?!

▶ M 3.5: Artículo 26 – Declaración Universal de Derechos Humanos

Toda persona tiene derecho a la educación. La educación debe ser gratuita, al menos en lo concerniente a la instrucción elemental y fundamental. La instrucción elemental será obligatoria. La instrucción técnica y profesional habrá de ser generalizada; el acceso a los estudios superiores será igual para todos, en función de los méritos respectivos.
www.ichrp.org/es/articulo_26_dudh (30.10.2016)

▶ M 3.6: Financiamiento de la educación

Analiza el gráfico:
¿Qué puedes resumir sobre la distribución del gasto público y privado en instituciones educativas en Chile?
¿Qué dice el gráfico sobre el financiamiento de la educación en Chile en comparación con otros países, especialmente Alemania?
¿Crees que está garantizado el derecho a la educación en Chile?

Gráfico de la OCDE sobra la distribución del gasto público y privado en instituciones educativas por nivel de educación (2012)

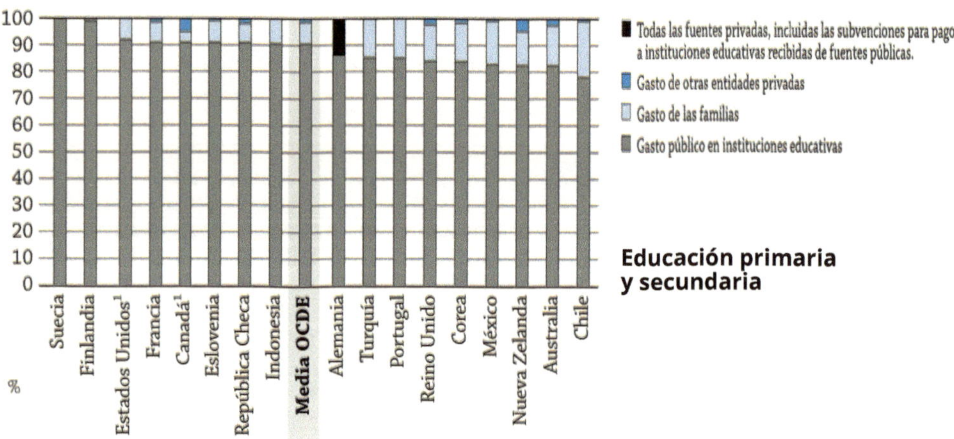

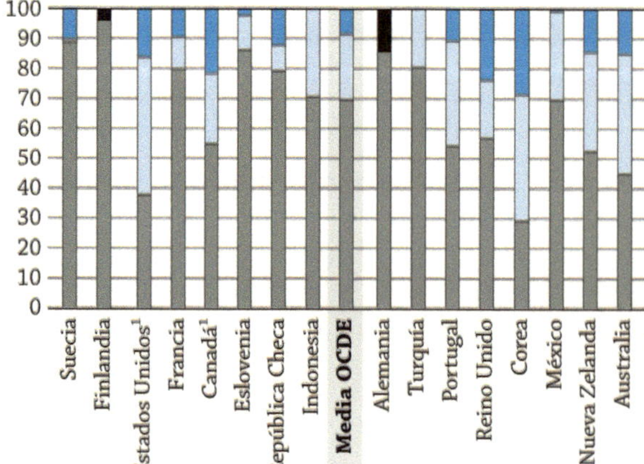

Fuente
OCDE: Panorama de la Educación Indicadores de la Educación 2015, Gráfico B3.2., p. 251
www.oecd-ilibrary.org

▶ M 3.7: ¿Educación gratuita?

Analiza las fotos y la cita de Sebastián Piñera.
Qué opinas, ¿Cómo se debería financiar la educación?

*www.c2.staticflickr.com
/6/5239/5903137579_4892355071_b.jpg (01.11.2016)*

Universidad de Chile en toma (2011)
La demanda más emblemática del movimiento estudiantil en Chile es la de
una ›eduación pública, gratuita y de calidad para todxs‹. La foto muestra la
universidad de Chile en el año 2011. En este tiempo los estudiantes estaban
en toma por varios meses.

**El presidente Sebastián Piñera responde a la demanda Educación pública,
gratuita y de calidad:**
»Todos quisiéramos que la educación, la salud y muchas cosas más fueran
gratis para todos, pero, al fin y al cabo, nada es gratis en esta vida, alguien
lo tiene que pagar.«

Foto: Nicole Schwabe

**Arte callejero en
Santiago de Chile**
El afiche muestra a
Sebastián Piñera, primer
político de centro-derecha
en ser elegido presidente
de Chile (2010–2014)
después del retorno a la
democracia, y uno de los
empresarios más ricos del
país. En el 2011 su figura
se convirtió en el principal
enemigo del movimiento
estudiantil.

Fuente
TeleSUR (11.08.2011)

3.3.

El conflicto por la educación. ¿Una herencia de la dictadura?

El nuevo milenio marcó el inicio de las movilizaciones estudiantiles. En el año 2001 tuvo lugar el llamado *Mochilazo*, protesta en la cual los estudiantes secundarios se manifestaron en contra de los altos precios del transporte público y levantaron por primera vez una crítica concreta al sistema educativo. En el 2006 se inicia una movilización de estudiantes secundarios conocida como la *Revolución Pingüina*, en la que los estudiantes ocuparon sus colegios, demandaron mejoras en la calidad de la educación y la infraestructura, y dirigieron por primera vez sus críticas en contra de la ley de educación formulada durante la dictadura. Este descontento acumulado condujo a las fuertes protestas del 2011.

Escucha las entrevistas con Valentina y Javier, dos jóvenes que participaron en las protestas del 2011, y resume lo que dicen sobre el movimiento estudiantil.

Evalúa qué relación tiene el actuál conflicto por la educación con la dictadura militar en Chile.

Estudiantes secundarios en una marcha estudiantil.

▶ M 3.8: Entrevista con Valentina

La entrevista con Valentina es parte de una investigación sobre el movimiento estudiantil realizada a principios del año 2015, en la que los jóvenes contaron sus experiencias durante el período 2001–2011. En el 2015 Valentina fue electa presidenta de la FECH (Federación de Estudiantes de la Universidad de Chile), una posición importante para la representación del movimiento estudiantil. Valentina es estudiante de arquitectura en la Universidad de Chile y forma parte de un grupo político que se llama Izquierda Autónoma.

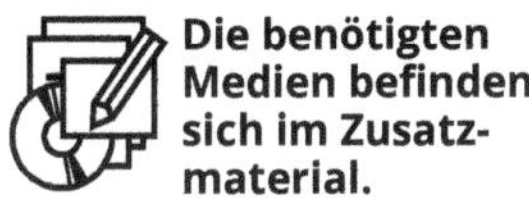
**Die benötigten
Medien befinden
sich im Zusatz-
material.**

¿Cómo surgió el movimiento estudiantil del año 2011?

1   Yo creo que el 2011 es consecuencia de varios otros procesos. Yo creo que es raro pensar el 2011 en sí mismo. Es parte de un proceso histórico que viene desde yo creo el fin de la dictadura. Los estudiantes se organizaron durante la dictadura para derogar al dictador y a la dictadura.

5   Y se llega a la democracia en Chile como con la promesa de la alegría que viene, la democracia, los movimientos sociales, la gente, etc., los derechos humanos. Y además llega con grandes promesas, con promesas de movilidad social, de que se va a acabar con la segregación con las desigualdades. Y dentro de esas promesas estaba la educación. La educación se

10   ve como una formula de movilidad social. La promesa de una mejor vida. Durante todos los noventas se ve un triúnfo con la transición, a pesar de que uno no lo ve tan así. Y en este sentido el movimiento social se apaga. En los noventas, eso toda una década de políticas públicas que consolidan muchas negociaciones de la dictadura. Y en esto está la educación.

15   Durante los 2000 empiezan a haber pequeñas movilizaciones, sobre todo de los [estudiantes] secundarios. Con el *mochilazo*[1] del 2001, la *revolución pingüina* del 2006 etc., que piden una transformación porque hay una cuestión excesiva de la explotación de alguna manera, de lo que sucede en la educación. Tanto de los profes como de los estudiantes. Entonces

20   pasan dos décadas de alguna manera en donde hay una expansión de la educación superior. Además, se mete mucho como a la banca privada para poder financiar esta educación. En ningún momento se cuestiona por ejemplo que la educación siga financiándose así, por el bolsillo de la familia. El 2011 uno puede decir que pasan dos décadas de esto, es decir,

25   todos aquellos estudiantes que se formaron en los 90 y sobre todo los que se formaron en los 2000 empiezan a tener consequencias. La gente se titula, ve que su profesión ... a pesar de ser un profesional, no cambian sus condiciones de vida. Además tienen deudas gigantes, tienen además que pagar la educación de sus hijos. Entonces uno logra ver de alguna

30   manera la consequencia de la promesa no cumplida. Entonces había un momento muy álgido, obviamente explota, y hay un montón de discusiones, que claro terminan con una sola consigna que era la educación pública, gratuita y de calidad. Pero yo lo veo más como el [...] sobre todo el reflejo de generaciones, que durante veinte años se pudo gobernar,

35   mantener la gobernabilidad, bajo una promesa, que era la promesa de la movilidad social, la alegría, la democracia, y que ya en la década del 2010 hacía adelante uno empieza a comprender que esas promesas no se están cumpliendo, que no hay democracia, no hay derecho, y claramente no hay alegría social.

1 El nombre se
refiere a las mochilas
(Schultaschen)
de los estudiantes.

Die benötigten Medien befinden sich im Zusatzmaterial.

1 ¿Cachai? =
Umgsp.: Verstehst du?

2 cazerolazo =
Protestform mit der Unzufriedenheit der Bevölkerung (meist mit der Regierung) ausgedrückt wird. Es wird mit Töpfen und Pfannen Krach gemacht.

3 Los pacos =
Umgsp.: la policía

4 Konjugation der Verben umgsp.

▶ M 3.9: Entrevista con Javier

La entrevista con Javier es parte de una investigación sobre el movimiento estudiantil realizada a principios del año 2015, en la que los jóvenes contaron sus experiencias durante el período 2001–2011. En el 2011 Javier fue estudiante de sociología de la Universidad de Valparaíso y participó en la toma de su universidad. Los estudiantes vivieron más de medio año en los edificios universitarios. Usaron el espacio para organizar sus protestas, así como para debatir sobre el sistema de educación y la situación política de su país.

El 2011 se habló mucho de la generación sin miedo.
¿Qué significa para ti la generación sin miedo?

Una de las cosas más importantes que creo yo que también fue fruto del 2011, fue que fue una generación que logró dejar atrás los fantasmas de la dictadura. ¿*Cachai*?[1] En el sentido de que ya no le tenemos miedo a la autoridad. Ya a protestar a enfrentarnos al final. ¿Cachai? Ya decir que no queremos este país que nos están construyendo a la fuerza. Ahora ya llegamos no sé veinte años de democracia y en este país no hay democracia. ¿Cachai? El poder de la gente, la voz de la gente no se ve representada en nada. Al final la gente vota por alguien. Esa clase política hace lo que quiere. En relación a su poder económico, a sus intereses. Y así la salud, la vivienda, la educación está como está. ¿Cachai? Y en nuestra generación se perdió eso.

Y eso se logró expandir al resto de la sociedad. No sé, se llamaba a las jornadas de protestas y salió toda la gente a protestar, a *cazerolear*[2], la forma que la gente encontrara para protestar válida lo hacía.

Se perdió el miedo a *los pacos*[3], a la fuerza policial que es como la primera muralla, la primera herramienta del Estado para reprimir es la fuerza policial. Y se le perdió el miedo. Se le enfrentó no más simplemente. Los mismos estudiantes se organizaron en grupos de autodefensa y porque también el Estado mandaba su ejército, los estudiantes tenían que tener su defensa. Para poder presionar para lograr lo que queríamos.

Y eso lo he visto con mis padres o los papas de algunos amigos, de generaciones anteriores que vivieron la dictadura, y que antes si tu *protestai* te pescaban, te desaparecían y *moriai*[4]. Ahora eso es más difícil. Y nosotros también lo sabemos. Entonces sabemos qué limites hay. Y se pierde el miedo no más. La gente ha reocuperado ese sentir de poder hablar. En ese país ahora se puede hablar y se puede criticar. ¿Cachai?

▶ **M 3.10: Entrevista Steve Stern**

Lee el corte de la entrevista con Steve Stern, historiador que trabaja sobre el tema de memoria histórica en Chile. Examina como relaciona la discusión sobre la memoria histórica con el movimiento estudiantil y expresa tu propia opinión en cuanto a este debate.

¿Cómo se relaciona el proceso de construcción de memoria con el actual movimiento social y la crisis de representación en Chile?

1 *Steve Stern:* Es interesante la pregunta. Creo que es normal y se ve en otros países, en Sudamérica también, que cuando existe un cambio generacional, asumir el tema de la memoria resignifica y expande los derechos en juego. Entonces, algo que una persona podría interpretar sobre las movi-
5 lizaciones estudiantiles es que la transición que enfrentó una dimensión de legado de la dictadura, pero no otra. La idea es que sí, los derechos humanos, en el sentido clásico, tienen que ver con la destrucción violenta, física y sicológica, de las personas, donde el Estado selecciona una porción de su ciudadanía para meterla en la cárcel, torturarla, matarla, desapare-
10 cerla, y crear un misterio acerca de lo que pasó, acompañándolo con una negación o desinformación, cuestión que crea una cultura de impunidad dictatorial, donde el que tiene la fuerza puede hacer lo que le dé la gana, y eso es el miedo, realidad y sentido común de lo que se vive. Si bien la transición enfrentó eso de alguna manera –con todos los problemas de
15 la transición y la situación de Pinochet como comandante en jefe hasta el 98, etc.–, fue mucho menos exitosa en otras dimensiones. Mucho menos exitosa, por ejemplo, en renovar una constitución de manera que lograra una democracia con más sintonía representativa a largo plazo y más multigeneracional, en vez del sentimiento de que las elecciones tienen
20 un papel limitado en la representatividad y necesidad social.

Por otro lado, hay ciertas herencias, como el sistema educacional, que todavía no están resueltas. El tema es de la herencia plena, de las múltiples herencias, de lo que fue la dictadura, cuyo proyecto era reorganizar y reordenar toda la sociedad, porque era un proyecto de ›policidio‹, en
25 el sentido de que se buscaba matar una manera de entender qué es la política y cómo definir una política pública y social en el país. Por eso el miedo era tan fundamental en la dictadura, porque era un camino para entrenar a la ciudadanía y hacerla sentir que los de arriba mandaban y no que tenían que ›bailar‹ de alguna manera, aunque a veces conflictiva,
30 con los de abajo. Es decir, los de arriba eran el gobierno. La reforma de sistema educacional era parte de ese proyecto de destruir una manera anterior de entender qué es la política, cómo organizarse para la política y tratar de reeducar a la ciudadanía, creando un nuevo sistema de educación. De cierta manera, los jóvenes están diciendo que no están contentos con
35 eso y eso también es memoria, porque es herencia de la dictadura. Por ejemplo, algo de eso se ve en algunas de las consignas que les acompañan en las marchas, como ›tenemos que avanzar cuarenta años atrás‹.

Fuente Ely Orrego Torres y Gonzalo Zúñiga. El desafío de la memoriaen la historia de Chile y América Latina: Entrevista a Steve J. Stern. En: Dossier: ›40 años después. Memoria del Golpe‹. Revista Pléyade. N°11 Enero-Junio 2013, 117–132.

OLAF KALTMEIER

EL PUEBLO MAPUCHE
EN CHILE

Während die Kontroverse um den Umgang mit dem Diktator Pinochet in den europäischen Medien relativ ausführlich behandelt wurde und die Studierendenproteste zumindest gelegentlich ihren Widerhall finden in der Berichterstattung hiesiger Zeitungen und Fernsehnachrichten, ist kaum etwas bekannt in Europa über die Situation der indigenen Bevölkerungen in Chile. Dabei ist der sogenannte ›Mapuche-Konflikt‹ eines der zentralen Konfliktfelder der chilenischen Gesellschaft. Das indigene Volk der Mapuche konnte nie von den spanischen Eroberern besiegt werden. Und auch dem chilenischen Nationalstaat gelang es erst Ende des 19. Jahrhunderts, nach einem nahezu 70 Jahre währenden Krieg, die Mapuche militärisch zu bezwingen. Im ersten postdiktatorialen Bevölkerungszensus 1992 bezeichneten sich 928.060 der über 14-jährigen Chilenen als Mapuche, etwa 10 Prozent der Bevölkerung. Von ihnen waren aber nur 143.769 in comunidades angesiedelt, indigenen ländlichen Gemeinden im Süden Chiles. Besonders unter der Militärdiktatur unter der Führung von Augusto Pinochet wurden die Mapuche verfolgt und unterdrückt. Mit dem Ende der Diktatur 1990 und der ersten Regierung des demokratischen Mehrparteinbündnisses Concertación unter der Führung von Präsident Patricio Aylwin (1990–94) begann in Chile eine staatliche Anerkennungspolitik, die zentrale Forderungen der Mapuche-Bewegung aufnahm. Diese Politik fand ihren Ausdruck in der noch vor Ende der Diktatur getroffenen Übereinkunft von Nueva Imperial, die ein neues Verhältnis zwischen indigenen Völkern und der chilenischen Mehrheitsgesellschaft etablieren und die ›historische Schuld‹ des Staates gegenüber den indigenen Völkern ausgleichen sollte. Bereits unter der zweiten Regierung der Concertación (Eduardo Frei, 1994–2000) erwies sich der Konsens als bröckelig. Der Bau des Staudamms Ralco sowie der Brand von Forst-LKW in Lumaco 1997 markierten das Ende des Konsenses und das gleichzeitige Entstehen einer neuen, autonomieorientierten Mapuche-Bewegung. Landbesetzungen, zahlreiche Polizeiübergriffe und Verhaftungen, Hungerstreiks und Tote auf beiden Seiten markieren weitere Eskalationsstufen.

Diese Unterrichtseinheit stellt sich die Aufgabe, diese gewalttätige Dynamik des Konfliktes zwischen chilenischem Staat und Mapuche-Gemeinschaften im post-diktatorischen Chile und deren politisch-kulturellen wie historischen Hintergründe zu beleuchten. Zudem schlägt sie eine Brücke zur Thematisierung historischen Unrechts und des Umgang mit der Erinnerung an die Militärdiktatur über eine Auseinandersetzung mit der mündlichen Erinnerungskultur der Mapuche.

Überblick über die einzelnen Unterrichtseinheiten

4.1. ¿Quiénes son los Mapuche? (90 Min.)
Die Einführungseinheit vermittelt Hintergrundwissen zu den Mapuche und ihren Konflikt mit den spanischen Eroberern sowie den chilenischen Nationalstaat seit dem 19. Jahrhundert.

**4.2. Los Mapuche y el Estado Chileno:
Un conflicto con una larga historia (135 Min.)**
Anhand eines historischen Dokuments sowie des Musikvideos ›Lo que no voy a decir‹ des chilenischen Rappers SubVerso setzen sich die SuS mit den unterschiedlichen Dimensionen im Konflikt zwischen dem indigenen Volk der Mapuche und dem chilenischen Staat auseinander.

4.3 Oralidad y memoria: Poesía mapuche (90 Min.)
Ein Gedicht vermittelt einen alternativen Zugang zur Mapuche-Kultur und der Bedeutung von mündlicher Erinnerungskultur für die indigene Gemeinschaft.

Übersichtstabellen zur Unterrichtsplanung

4.1. ¿Quiénes son los Mapuche? (90 Min.)

Ziele: Die SuS erarbeiten sich erste Informationen zur historischen und aktuellen Situation der indigenen Völker in Chile, speziell den Mapuche. Die vertiefte Auseinandersetzung mit dem sogenannten ›Mapuche-Konflikt‹ als einem zentralen Konfliktfeld der heutigen chilenischen Gesellschaft wird vorbereitet.

Fachspezifische Kompetenzbereiche: Lese- und Textverständnis, Sprechen, Schreiben, soziokulturelles Orientierungswissen zu gegenwärtigen politischen und gesellschaftlichen Diskussionen, interkulturelle Einstellungen und Bewusstheit, mit Perspektiven von Akteuren auseinandersetzen

Kompetenzbereiche des Globalen Lernens: Erkennen von Vielfalt, Perspektivenwechsel und Empathie

Wesentliche Aspekte des Interaktionsgeschehens	Medien	Anforderungsbereiche / Operatoren
***Problemaufriss:* Die Mapuche – Ein indigenes Volk in Chile** Zur Heranführung an den Gegenstand dieses Kapitels sollte zunächst in einem kurzen Unterrichtsgespräch das Vorwissen der SuS über indigene Völker in Lateinamerika bzw. konkret in Chile aktiviert werden. *¿Qué sabéis sobre la población indígena en América Latina, especialmente en Chile? ¿Cómo viven? ¿Cómo son tratados en la sociedad?*		
Basierend auf bereits vorhandenem Wissen aus dem ersten Kapitel, ergänzt durch weiteres Material, findet eine erste Annäherung an die Situation der Mapuche in Chile statt. Die in Kapitel I eingeführte fiktive Figur der Alihuen Nahuelpan wird wieder aufgegriffen, um aus ihrer Perspektive einen eigenen Einführungstext mit Basiswissen zu den Mapuche zu verfassen.	***M 4.1:*** Materialpaket ›Mapuche‹	I (presentar)
Die SuS lesen einen Sachtext zur Geschichte der Mapuche seit den Anfängen europäische Besiedlung in Chile, der verschiedene Wendepunkte der Beziehungen zwischen dem indigenen Volk und den spanischen Eroberern bzw. dem chilenischen Nationalstaat skizziert. Die SuS beantworten Fragen zum Leseverständnis und erstellen auf der Basis des Textes einen Zeitstrahl.	***M 4.2:*** Text ›Breve historia del pueblo Mapuche‹	I (resumir)

4.2. Los Mapuche y el Estado Chileno: Un conflicto con una larga historia (135 Min.)

Ziele: Das Musikvideo und optional als Ergänzung das historische Dokument vermitteln einen Einblick in die verschiedenen Ebenen des Konflikts zwischen dem chilenischen Staat und den Mapuche. Das Musikvideo des Rappers SubVerso wird inhaltlich auf die Darstellung des Mapuche-Konflikts untersucht, aber auch ästhetisch als audio-visuelles Repräsentationsmedium analysiert.

Fachspezifische Kompetenzbereiche: Hör(seh)verständnis, Sprechen, Schreiben, sozio-kulturelles Orientierungswissen zu gegenwärtigen politischen und gesellschaftlichen Diskussionen und historischen Entwicklungen; interkulturelle Einstellungen und Verstehen, Medien auf Aussageabsicht, Darstellungsform und Wirkung analysieren.

Kompetenzbereiche des Globalen Lernens: Empathie und Perspektivenwechsel, kritische Reflexion und Stellungnahme

Wesentliche Aspekte des Interaktionsgeschehens	**Medien**	**Anforderungsbereiche / Operatoren**
Der Konflikt zwischen Mapuche und chilenischem Staat ist Gegenstand des Liedes ›Lo que no voy a decir‹ des Rappers Subverso. Im Song und dem dazugehörigen Video werden aktuelle Dimensionen des Konflikts mit historischen Ebenen der Auseinandersetzung und des Widerstands der Mapuche verflochten. Der Videoclip soll einerseits auf der ästhetischen Ebene als literarisches Werk, andererseits auf der inhaltlichen Ebene in Bezug auf seine Aussagen zum gesellschaftlichen Konflikt analysiert werden. a) der Videoclip wird einmal gezeigt. Anschließend äußern die SuS ihren ersten Eindrücke: *¿Qué efecto tiene el video? ¿Transporta una idea básica/un mensaje? ¿Qué imágenes llaman la atención? ¿Qué asociaciones provoca el video sobre el conflicto entre pueblo Mapuche y Estado Chileno?* Die generierten Begriffe werden in einer Ideenwolke an der Tafel gesammelt und visualisiert. Im Zusatzmaterial befinden sich Hintergrundinformationen für die LP und eine Sequenzierung des Videos auf Spanisch mit erläuternden Kommentaren auf Deutsch. Diese könnte den SuS nach dem ersten Anschauen als Hilfestellung für die folgenden Aufgaben ausgeteilt werden.	**M 4.3:** Video Extern: *www.youtube.com /watch?v=1Lm00GF5Faw* **M 4.4:** Lyrics und Erläuterungen zum Video ›Lo que no voy a decir‹ (ZM)	I (describir)
b) Analyse Musikebene: Das Lied wird 1–2mal ohne Bild gehört. *¿Qué tipo de música es? ¿Cómo son el ritmo, la estructura, el sonido, el sentimiento? ¿Cuál es el tema del texto?* c) Analyse Bildebene: das Video wird 1–2mal ohne Ton angesehen: *¿Cómo se presentan los intérpretes? ¿Cuál es el tema del clip? ¿Qué imaganes se presentan? ¿Qué sentimientos provocan las imágenes? ¿Qué tipo de efectos visuales (cámera, montaje, colores) se utilizan?* Durch das getrennte Betrachten von Hören und Sehen wird die Wahrnehmung für die verschiedenen Gestaltungsmittel des Musikvideos geschärft. Evtl. kann die Lerngruppe auch geteilt werden; eine Gruppe betrachtet die Bild- die andere die Musikebene. Anschließend präsentieren sie sich ihre Ergebnisse.		II (analizar)
		II (analizar)

d) Analyse von Bild- + Musikebene: Videoclip wird noch ein- bis zweimal betrachtet. Dabei
steht nun das Verhältnis von Musik- und Bildebene im Mittelpunkt:
   • *¿Qué relación hay entre el tiempo de la canción y los movimientos del clip?*
   • *¿ La estructura de la canción es subrayada por el videoclip?*
   • *¿Coinciden el sentimiento básico y el mensaje en la canción y en el clip?*
   • *¿Aborda el clip los contenidos principales del texto? ¿Cómo?*
   • *¿Qué características de la canción podrían haber llevado al director del videoclip a optar por
   esta forma de la presentación visual?*

e) Analyse des inhaltlichen Aussage des Liedes / Videoclips. — II (analizar)
   1. Esboza las diferentes constelaciones del conflicto que aparecen en el texto y en el — III (discutir)
   vídeo. *¿Qué actores están involucrados? ¿Cómo percibes a los diferentes actores?*
   2. Discute la dimensión histórica del conflicto. Resalta los datos centrales en la línea de
   tiempo que elaboraste en el ejercicio anterior. *¿Cuáles son los puntos de inflexión históri-
   cos? ¿Dónde se perciben continuidades? ¿Cómo esta conectado el pasado con el presente?*
   Auch hier wäre es wieder möglich, die Klasse aufzuteilen und die Aufgaben in zwei
   Gruppen bearbeiten zu lassen, mit anschließenden Präsentationen der Ergebnisse.

f) Reflexion: *¿Por qué lleva la canción el título ›Lo que no voy a decir‹? ¿Cómo se posiciona* — II / III (explicar)
   el intérprete en el conflicto? ¿Crees que contribuye a un diálogo intercultural entre Estado — III (buscar soluciones)
   chileno y Mapuche? ¿Cuáles serían las condiciones para este diálogo?
   Abschließende Schreibaufgabe: Escríbele una carta a SubVerso dando tu opinión y
   fundaméntala con argumentos basadas en el análisis del video.

Zum besseren Verständnis der historischen Dimensionalität des Konflikts kann optional vor — **M 4.5:** ›Tratado de Tapihue‹ — I (resumir)
dem Videoclip ein Auszug aus dem ›Tratado de Tapihue‹, der ursprünglich die Beziehungen
zwischen dem gerade gegründeten chilenischen Nationalstaat und den Mapuche regeln
sollte, gelesen und hinsichtlich seiner Implikationen besprochen werden.

4.3. Oralidad y memoria: Poesía mapuche (90 Min.)

Ziele: Mittels des Gedichtes eines Mapuche-Poeten lernen die SuS nicht-westliche Zugänge zu Erinnerung und Geschichte kennen und verstehen. Der Abschluss dieses Kapitels greift das Leitmotiv dieser Unterrichtsreihe, der Umgang der chilenischen Gesellschaft mit einer schwierigen Vergangenheit wieder auf.

Fachspezifische Kompetenzbereiche: Leseverstehen, Sprechen, interkulturelles Verstehen und Handeln, Texte verstehen und auf Aussageabsichten analysieren, zentrale sprachlich-stilistische Gestaltungsmerkmale erkennen,

Kompetenzbereiche des Globalen Lernens: Erkennen von Vielfalt, Perspektivenwechsel und Empathie, Verständigung und Konfliktlösung

Wesentliche Aspekte des Interaktionsgeschehens	Medien	Anforderungsbereiche / Operatoren
Die Unterrichtsstunde beginnt, ausgehend von dem vorher analysierten Video, mit einem Gespräch über Formen des Erinnerns und des Erzählens von Geschichten. *¿Cómo narran los Mapuche la historia? ¿Tienen diferentes formas de memoria?*		
Elicura Chihuailaf über Oralität und indigene Weltsicht: Die SuS erarbeiten sich durch die Lektüre des Interviews mit Elicura Chihualiaf erstes Hintergrundwissen über die Bedeutung oraler Wissensvermittlung in der Mapuche-Kultur.	**M 4.6:** Interview Elicura Chiailaf	I (resumir)
Methode: Die SuS tauschen sich in Flüstergruppen über die Inhalte aus. Dann werden die Aspekte im Plenum in einer moderierten Diskussion zusammengetragen.		
Gedichtanalyse ›A orillas del fogón‹ Die SuS arbeiten anhand des Gedicht ›A orillas del fogón‹ von Elicura Chihuailaf die Bedeutung oraler Wissensvermittlung bei den Mapuche und historischer Erinnerung heraus.	**M 4.7:** Gedicht ›A orillas del fogón‹	II (analizar)
Reflexión final: Memoria y Historia Als Abschluss der Unterrichtsreihe soll bezugnehmend auf die Kapitel 2, 3 und 4 übergreifend der Bedeutung des Umgangs mit der Vergangenheit in der chilenischen Gesellschaft debattiert werden. Dazu sollten noch einmal verschiedene Positionen erörtert werden unter der Leitfrage: »¿Cuánto pesa la historia en Chile para mirar hacia el futuro?«		III (evaluar)

4.1.

¿Quiénes son los Mapuche?

▶ M 4.1: Los Mapuche

Con un porcentaje de alrededor del 10 % de la población total de Chile, los Mapuches son el grupo indígena más grande del país (casi un 90 % de la población indígena es Mapuche). A diferencia de la gran mayoría de pueblos originarios de América Latina, los Mapuche nunca han sido vencidos por los conquistadores españoles. Incluso podían extender su esfera de influencia durante la era colonial hacia la Pampa argentina. Por eso viven hoy en día en dos países diferentes. Aunque siempre hubo conflictos con los gobiernos por diferentes motivos, (tenencia de la tierra, usofructo de bosques, proyectos de infraestructura de transporte, construcción de represas), desde finales de la década de 1990, el conflicto entre Mapuches y el Estado chileno se ha agudizado tanto que vastas áreas habitados por los Mapuche han sido militarizados y muchos líderes de las comunidades han sido encarcelados.

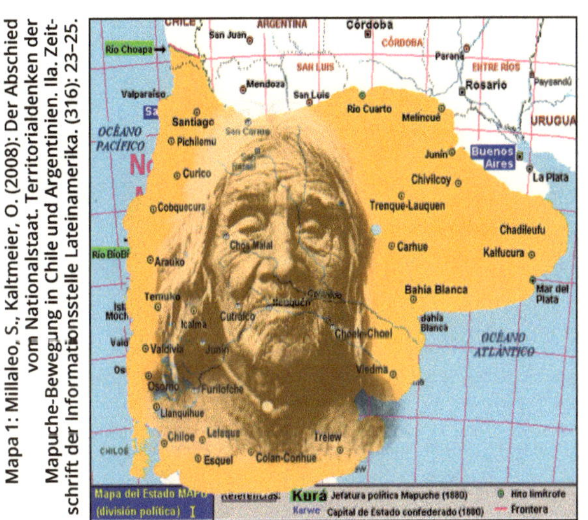

Mapa 1: Millaleo, S., Kaltmeier, O. (2008): Der Abschied vom Nationalstaat. Territorialdenken der Mapuche-Bewegung in Chile und Argentinien. IIa. Zeitschrift der Informationsstelle Lateinamerika. (316): 23–25.

Mapa 1: Territorio Mapuche según conocimientos ancestrales

Mapa 2: Elaboración propia basada en *futatrawun.blogspot.de/p/mapas.html*

Año	1540	1641	1881	1994
km²	31 mill.	10 mill.	526 mil	300 mil

Mapa 2: Disminución del territorio mapuche en Chile desde el siglo XVI

Figuras 1 y 2: CASEN, 2013. Ministerio de Desarrollo Social. Gobierno de Chile (2015)

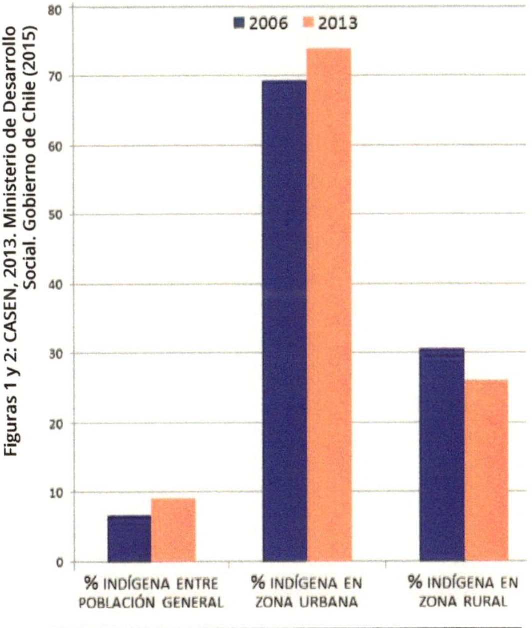

Figura 1: Tamaño y distribución de los pueblos indígenas en Chile

Figura 2: Ingresos mensuales según pertenencia del jefe(a) de hogar[1]

[1] En la actualidad (año 2017) 100.000 pesos chilenos equivalen a € 140.

2 La pobreza multidimensional no evalua solamente los ingresos, sino carencias en cuatro dimensiones:
- educación
- salud
- trabajo
- vivienda

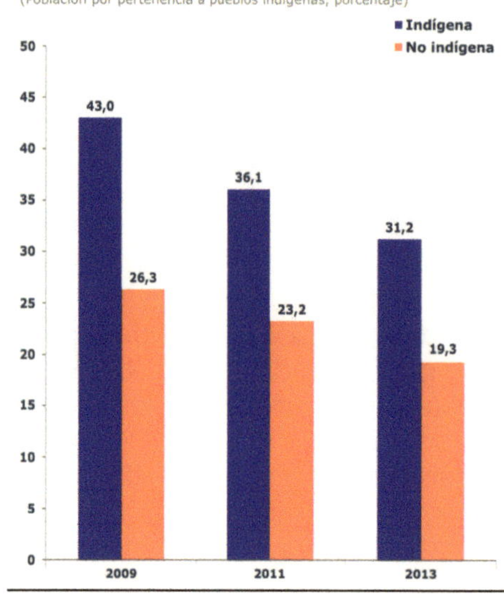

(Población por pertenencia a pueblos indígenas, porcentaje)

Figura 3: Población en situación de pobreza multidimensional²

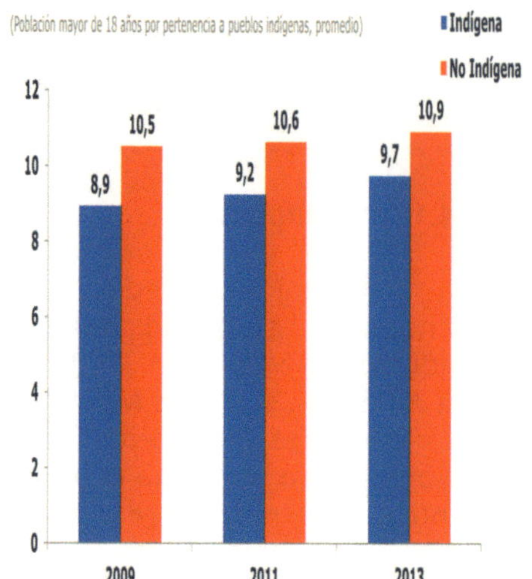

(Población mayor de 18 años por pertenencia a pueblos indígenas, promedio)

Figura 4: Promedio de años de escolaridad

Fuente
Figuras 3–5: CASEN, 2013. Ministerio de Desarrollo Social. Gobierno de Chile (2015)

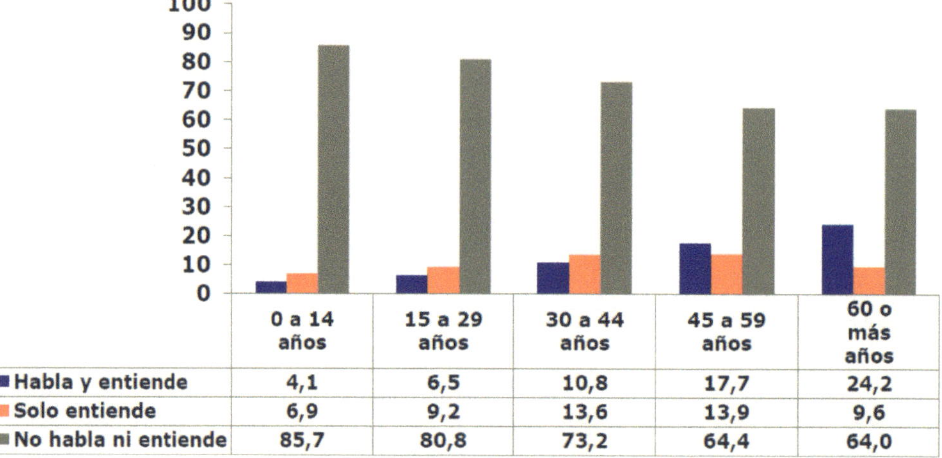

	0 a 14 años	15 a 29 años	30 a 44 años	45 a 59 años	60 o más años
■ Habla y entiende	4,1	6,5	10,8	17,7	24,2
■ Solo entiende	6,9	9,2	13,6	13,9	9,6
■ No habla ni entiende	85,7	80,8	73,2	64,4	64,0

Figura 5: Conocimiento y uso de lenguas originarias

Mari mari,
me llamo Alihuen Nahuelpan y pertenezco al pueblo Mapuche. Tengo 45 años y vivo en el pueblo Lumaco en la IX.-región. Mis papas me mandaron al colegio a Temuco. Dijeron que la educación era mejor. Pero ahí los otros estudiantes chilenos se burlaron de mi manera de hablar español. En historia y geografía la historia del pueblo mapuche era ausente. Esto me parece injusto porque eramos los dueños de todos los territorios al sur del Río Bío-Bío. Al no encontrar trabajo en Temuco regresé a Lumaco. Ahí me dedico a la agricultura. Pero estamos cercados por los forestales y casi no queda agua para nuestras plantas. Reclamamos nuestras tierras. Pero el estado chileno no quiere escuchar. Manda policía y militares.

Actividad
Imagínate que eres Alihuen Nahuelpan. Utilizando los materiales M 4.1, escribe – en primera persona – una carta en la que le describes a un visitante de Alemania la situación de los Mapuche en Chile.

▶ M 4.2: Breve historia del pueblo Mapuche

1   El pueblo mapuche es y ha sido siempre una de las etnias originarias más importantes del país, tanto por su peso social y demográfico como por su fuerte sentido de identidad cultural, que ha encontrado históricamente formas de resistencia y de adaptación a la dinámica del contacto fronterizo
5   con españoles y chilenos.
    Asentados históricamente entre los ríos Itata y Toltén, en la zona centro-sur del país, y emparentados lingüísticamente con sus vecinos picunches y huilliches, los mapuches presentaron una encarnizada resistencia a la dominación española durante todo el siglo XVI, hasta
10   el punto de expulsar definitivamente a los castellanos de su territorio, luego de la gran rebelión que duró desde 1598 a 1602. La Guerra de Arauco se prolongó toda la primera mitad del siglo XVII, decayendo luego de la última gran rebelión mapuche de 1656, fecha desde la cual las relaciones fronterizas se distendieron y se produjeron importantes
15   transformaciones sociales en la familia mapuche, fruto de su expansión a las pampas argentinas y la intensificación del comercio entre éstos y los criollos. Los mapuches debieron resistir durante todo el siglo XIX la intensa presión de las nuevas repúblicas de Chile y Argentina, que a través de respectivas campañas militares ocuparon la región. La integ-
20   ración de la Araucanía al territorio chileno en 1882, provocó el derrumbe de toda una sociedad que había encontrado la manera de adaptarse a siglos de lucha y contacto fronterizo. Los mapuches fueron confinados en territorios delimitados por el Estado, cerrándose el tránsito entre Chile y las pampas argentinas y obligándolos de esta manera a conver-
25   tirse en un pueblo campesino y a habitar tierras de mala calidad entre la zona costera y la precordillera andina. La conformación de grandes latifundios a partir del remate de llamadas ›tierras baldías‹, por parte del Estado, agravó la situación, creando una estructura agraria fuerte-mente desigual, a la vez que se sumaron, durante la primera mitad del
30   siglo XX, las exacciones y estafas a comunidades mapuches, que vieron mermadas gran parte de sus tierras. El crecimiento demográfico y la contracción de las tierras comunales, dio inicio a una intensa corriente de migración campo-ciudad, lo que ha llevado a que hoy más de la mitad de los mapuches chilenos vivan en las ciudades.

Fuente
www.memoriachilena.cl
/602/w3-article-781.html

Actividad
a) Responde, si las siguientes afirmaciones son correctas o falsas:
   • Con la Guerra de Arauco se produjó la integración de los Mapuche en la colonia.
   • A finales del siglo XIX, la sociedad tradicional de los Mapuche sufrió grandes transformaciones.
   • Los Mapuche habitan principalmente en zonas rurales de Chile.

b) Elaborad en grupos una línea de tiempo en la que marcáis las fechas señaladas en este texto sobre la historia de los Mapuche en Chile?

4.2.

Los Mapuche y el Estado Chileno: Un conflicto con una larga historia

▶ **M 4.3: Video SubVerso ›Lo que no voy a decir‹**

SubVerso (Vicente Durán, París 1975) hijo de un cantautor chileno exiliado y de madre estadounidense es uno de los representantes más importantes del hip-hop chileno. Su infancia y juventud la pasó mayoritariamente en Detroit, donde fue influenciado musicalmente por pesos pesados del rap estadounidense como Public Enemy, Ice Cube y Tupac Shakur. Desde 1996 vive permanentemente en Chile y se ha convertido en el nuevo milenio con sus canciones de crítica social y política en uno de los representante principales de la musical alternativa en Chile e ídolo del movimiento estudiantil.

www.i.ytimg.com/vi/Ph-KOJsNTMc/maxresdefault.jpg

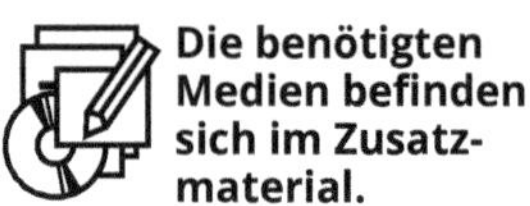
Die benötigten Medien befinden sich im Zusatzmaterial.

▶ **M 4.4: Lyrics und Erläuterungen zu SubVerso – ›Lo Que No Voy A Decir‹ (Ft. Portavoz)**

LYRICS	ERLÄUTERUNG	VIDEO-SEQUENZ
No voy a repetir una vez más en este tema Las causas más antiguas que originan el problema No voy a mencionar que hace casi dos siglos atrás **Chile firmó un papel legal que estableció la paz y la frontera**	**1825** erkannte die neue Republik Chile die Unabhängigkeit der Mapuche auf demGebiet südlich des Grenzflusses Bío-Bío an.	0:17 Bilder von der Staumauer Ralco am Fluss Bío-Bío. Die Auseinandersetzung um den Staudammkomplex war Mitte der 1990er Jahre einer der stärksten Konflikte in Chile. 0:20 Forst-Monokulturen (Eukalyptus und Kiefer) 0:44 Celéstino Códova, Schamane, angeklagt wegen Brandstiftung mit Todesfolge …

Actividad

a) Primeras impresiones del video-clip:
   - ¿Qué efecto tiene el video?
   - ¿Transporta una idea básica/un mensaje?
   - ¿Qué imágenes llaman la atención?
   - ¿Qué asociaciones provoca el video sobre el conflicto entre pueblo
     Mapuche y Estado Chileno?

b) Análisis de la música:
   - ¿Qué tipo de musica es?
   - ¿Cómo son el ritmo, la estructura, el sonido, el sentimiento?
   - ¿Cuál es el tema del texto?

c) Análisis de las imágenes:
   - ¿Cómo se presentan los intérpretes?
   - ¿Cuál es el tema del clip?
   - ¿Qué imáganes se presentan?
   - ¿Qué sentimientos provocan las imágenes?
   - ¿Qué tipo de efectos visuales (cámera, montaje, colores) se utilizan?

d) Análsis de música y video:
   - ¿Qué relación hay entre el tiempo de la canción y los movimientos
     del clip?
   - ¿ La estructura de la canción es subrayada por el videoclip?
   - ¿Coinciden el sentimiento básico y el mensaje en la canción y en el clip?
   - ¿Aborda el clip los contenidos principales del texto? ¿Cómo?
   - ¿Qué características de la canción podrían haber llevado al director
     del videoclip a optar por esta forma de la presentación visual?

e) Análisis del contenido:
   1. Esboza las diferentes constelaciones del conflicto que aparecen en el
      texto y en el video. ¿Qué actores están involucrados? ¿Cómo percibes
      a los diferentes actores?
   2. Discute la dimensión histórica del conflicto. Resalta los datos centrales
      en la línea de tiempo que elaboraste en el ejercicio anterior.
      ¿Cuáles son los puntos de inflexión históricos? ¿Dónde se perciben
      continuidades? ¿Cómo esta conectado el pasado con el presente?

f) Reflexión:
   - ¿Por qué lleva la canción el título ›Lo que no voy a decir‹?
   - ¿Cómo se posiciona el intérprete en el conflicto?
   - ¿Crees que contribuye a un diálogo intercultural entre Estado chileno
     y Mapuche? ¿Cúales serían las condiciones para este diálogo?
   - Actividad final: Escríbele una carta a SubVerso dando tu opinión
     y fundaméntala con argumentos basadas en el análisis del video?

....

▶ **M 4.5: El Tratado de Tapihue: Leer y entender un documento histórico**

Después de 14 años de guerra, Chile finalmente logró la Independencia de España en 1823. Muy pronto hubo una reunión entre representantes de la nueva república de Chile y las comunidades indígenas que vivían en el Sur del país. El 25 de octubre de 1825 los delegados de ambos lados firmaron el siguiente contrato (Tratado de Tapihue) para regularizar las relaciones entre el Estado Chileno y los Mapuche:

1º Convencidos ambos jefes de las grandes ventajas de hacernos una sola familia, ya para oponernos a los enemigos de nuestro país, ya para aumentar y solidar el comercio, y hacer cesar del todo los males que han afligido a la República en catorce años de consecutiva guerra ha venido don Francisco Mariluan como autorizado por todos los Caciques en unirse en opinión y derechos a la gran familia chilena.

2º El Estado se compone desde el despoblado de Atacama hasta los últimos límites de la provincia de Chiloé.

3º Todos los que existen entre ambas líneas serán tratados como a ciuda-danos chilenos con goce de todas las prerrogativas, gracias y privilegios que les corresponden.

4º El Diputado de los naturales bajo la ceremonia más religiosa según sus ritos y costumbres jura unión y hermandad perpetua.

6º A consecuencia de la unión de que habla el artículo 4º el Gobierno Supremo admitirá a todos los individuos que de esta nueva hermandad quieran libremente salir a instruirse en las escuelas públicas del Estado, cuyos gastos corren de cuenta del Erario de la Nación.

18º Los Gobernadores o Caciques desde la ratificación de estos tratados no permitirán que ningún chileno exista en los terrenos de su dominio por convenir así al mejor establecimiento de la paz y unión, seguridad general y particular de estos nuevos hermanos.

20º No obstante que la línea divisoria es el Bío Bío el Gobierno mantendrá en orden y fortificadas las plazas existentes, o arruinadas al otro lado de este río, como también a sus pobladores en los terrenos adyacentes del modo que antes lo estaban.

22º La línea divisoria no se pasará para esta, ni para aquella parte sin el respectivo pasavante de quien mande el punto por donde se pase, y el que lo haga sin este requisito será castigado como infractor de la ley.

....

Actividad
1. Resume el contenido de estos artículos en tus propias palabras.
2. Qué piensas, ¿qué buscaron los contratistas con este convenio?
3. Si este tratado todavía estuviese vigente: ¿cómo crees que sería la situación en Chile actualmente?
4. ¿Por qué crees que el Tratado de Tapihue ya no es vigente?

....

4.3.

Oralidad y memoria: Poesía mapuche

▶ **M 4.6: Entrevista Elicura Chihuailaf**

Elicura Chihuailaf Nahuelpán nació en 1952 en la Provincia de Cautín en el sur de Chile. Es uno de los más conocidos poetas chileno-mapuche. Su obra es principalmente bilingüe, en Mapudungún – el lenguaje de los Mapuche – y en castellano. Chihuailaf ha ganado diversos premios de literatura, tales como el Premio de la Casa de las América y, en 2014, el Premio Nacional de Poesía Jorge Teillier. También es conocido por sus traducciones del poeta Pablo Neruda y del cantautor Víctor Jara al Mapudungún. Además participa activamente en organismos de Derechos Humanos.

Actividad
Lee el siguiente extracto de la entrevista que le hicieron a Elicura Chihuailaf y resume en tus propias palabras lo que dice sobre la oralidad y la cosmovisión mapuche.

Pregunta: ¿Se ha mantenido la oralidad en la poesía mapuche?

EC: Sí. En la fuente de la literatura mapuche, que son las comunidades, la literatura es – aunque parezca un contrasentido – oral, entonces, lo que vendría a ser la literatura mapuche en su fuente es oral y hay varios géneros: el Vikantun que es la poesía; el Epew, el relato; el Konew, la adivinanza; el Weupin, que es el discurso fundamentalmente remitido a la historia; el Nütrarn, la conversación como arte. Esos son los géneros – entre comillas – literarios mapuches. Entonces lo que pasa ahí, específicamente, lo que tiene que ver con la poesía es lo siguiente: ella es cantada en la fuente porque el Vi viene en que es canto. Entonces lo que planteamos nosotros ahora es algo que yo planteé en un taller que hicimos en México, de escritura indígena, hace un par de años atrás, esto es, que nosotros somos oralitores.

Pregunta: ¿Eso es un neologismo?

EC: No lo sé, no está en todo caso en el diccionario convencional, en el diccionario clásico tal vez esté, porque últimamente yo vi en México que también se habla de oralitura, [...] Pero la oralitura no sólo está presente en Chile y en México. Como lo planteo yo está en todo el continente, porque la oralitura sería escribir al lado de la fuente, esto es situar el hecho escritural, no olvidando que la escritura es en sí misma un artificio. El escribir al lado de la fuente lo hacemos todos los escritores indígenas, que seríamos más bien oralitores.

Nuestra escritura se debe a la memoria de nuestros mayores, ¿esa sería la primera fuente?, claro, inmediatamente. La literatura en general, cuando se transforma en artificio, se desliga totalmente de la fuente y pasa a ser la imaginación por la imaginación propia, claro que viene de algún lado, que incluso a veces niega el sustrato que le da la fuente determinada. Entonces, en nuestro caso, no. Nosotros realzamos, recalcamos el hecho que nuestra escritura es la memoria de nuestros antepasados, pero recreada a partir de nuestra vivencia hoy día.

· ·

▶ **M 4.7: Poesía ›A orillas del fogón‹ por Elicura Chihuailaf**

· ·

A orillas del fogón

A orillas del fogón (en su memoria)
los abuelos mueven los tristes labios
del invierno
y nos recuerdan a nuestros muertos y
desaparecidos
y nos enseñan a entender el lenguaje
de los pájaros
Nos dicen: Todos somos hijos de la misma
Tierra, de la misma agua ...
...
Sentado en las rodillas de mi abuela oí
las primeras historias de árboles
y piedras que dialogan entre sí, con los
animales y con la gente
Nada más me decía, hay que aprender
a interpretar sus signos
y a percibir sus sonidos que suelen esconderse
en el viento.
...
También con mi abuelo compartimos muchas
noches a la intemperie
Largos silencios, largos relatos que nos
hablaban del origen de la gente nuestra
del primer espíritu mapuche arrojado desde
/el Azul
De las almas que colgaban en el infinito
como estrellas
Nos enseñaba los caminos del cielo, sus ríos
/sus señales.

· · · · · · · · · · · · · ·   ·

Actividad
1. Describe la escena del poema en tus propias palabras.
2. ¿Qué idea y qué concepto de historia se expresa en el poema?
3. ¿Cómo se distingue del concepto moderno-occidental de historia?

· ·

ÜBERSICHT ZUSATZMATERIALIEN

Die Zusatzmaterialien enthalten Bild-, Audio-, Film- und Textmaterial zu verschiedenen Einheiten. Das entsprechende Piktogramm in der Hauptmappe zeigt Ihnen, wo diese Materialien einzusetzen sind.

1. Chile; ¿un país hermoso?

M 1.2.   Informationskarten mit Bildern ›Proyección de imágenes‹
M 1.3.   Powerpoint-Präsentation ›Proyección de imágenes‹
M 1.4.   Arbeitsblatt ›Imágenes de Chile‹
M 1.5.   Memorykarten
M 1.8.   Tablero ›Desigualdades‹ y posible resultado

2. Dictadura Militar y la recuperación de la memoria histórica

M 2.4.   Cortometraje y transcripción ›Testimonio de Miguel‹
M 2.8.   Material Stationenlernen
M 2.13. Zitate zu Pinochet

3. La Educación de Pinochet

M 3.2.   Video Nachrichten ›Tele Sur‹
M 3.4.   Recherchetipps (Deutsch / Spanisch)
M 3.8.   Audio-Datei Interview ›Valentina‹
M 3.9.   Audio-Datei Interview ›Javier‹

4. El pueblo Mapuche en Chile

M 4.4.   Lyrics und Erläuterungen zu ›Lo que no voy a decir‹

Hinweise zur kostenlosen Bestellung der
Zusatzmaterialien finden Sie unter
www.uni-bielefeld.de/cias/unterrichtsmaterialien.html

———

Bestellnummer 946507-04-8

Umschlagsgestaltung Nathow & Geppert
auf Grundlage von Fotos von
O. Kaltmeier (Hintergrund), J. Moggia (Gebäude), N. Schwabe (Personen)